Conversaciones Dinámicas

David Lynn

50 disparadores de discusión para grupos juveniles.

Vida®

Especialidades Juveniles.com

La misión de Editorial Vida es ser la compañía líder en comunicación cristiana que satisfaga las necesidades de las personas, con recursos cuyo contenido glorifique a Jesucristo y promueva principios bíblicos.

CONVERSACIONES DINAMICAS
Edición en español publicada por
Editorial Vida – 2006
Miami, Florida

©2006 por Editorial Vida

Originally published in the USA under the title:
High School Talkskeets-Updated!
Copyright© 2001 by Youth Specialties
Published by permission of Zondervan, Grand Rapids, Michigan 49530

Traducción: *Howard Andruejol*
Edición: *Silvia Himitian*
Diseño interior: *Eugenia Chinchilla*
Adaptación cubierta: *Natalia Adami*

RESERVADOS TODOS LOS DERECHOS. . A MENOS QUE SE INDIQUE LO CONTRARIO, EL TEXTO BÍBLICO SE TOMÓ DE LA SANTA BIBLIA NUEVA VERSIÓN INTERNACIONAL. © 1999 POR BÍBLICA INTERNACIONAL.

ISBN: 978-0-8297-4597-9

CATEGORÍA: Educación cristiana / General

IMPRESO EN ESTADOS UNIDOS DE AMÉRICA
PRINTED IN THE UNITED STATES OF AMERICA

12 13 14 15 ❖ 9 8 7 6 5

CONTENIDO

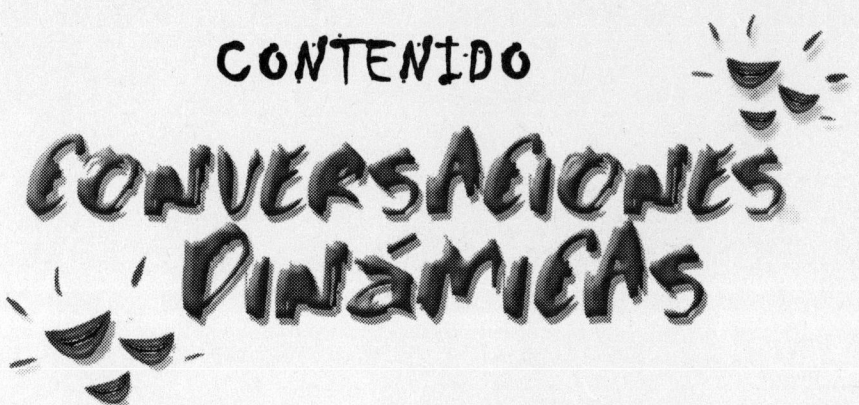
Conversaciones Dinámicas

Qué son las Conversaciones Dinámicas y cómo se usan ... 5
Vale la pena vivir [el suicidio] ... 11
¡Créelo! [la fe] ... 13
Expuestos [sexo prematrimonial] ... 15
El juego de las citas [las citas] ... 17
Besos y abrazos [el amor romántico] ... 19
Amor para toda la vida [el matrimonio] ... 21
¿Lo hago o no? [los valores y la conducta] ... 23
Los domingos [la iglesia] ... 25
¿Tienes el Espíritu? [el Espíritu Santo] ... 27
Demasiado estrés [el estrés] ... 29
Mirar hacia arriba [la adoración] ... 31
Es tu decisión [toma de decisiones] ... 33
Adicto [adicción a las drogas] ... 35
Goza la vida [la diversión] ... 37
Nadie es perfecto [el pecado] ... 39
No sigas a la manada [la presión del grupo] ... 41
¡Qué mentiroso! [la sinceridad] ... 43
Haz-algo@porelmundo.com [acción social cristiana] ... 45
El uno es el número más solitario [la soledad] ... 47
Dame amor [el amor cristiano] ... 49
Más sabio que todos [la sabiduría] ... 51
Cambiar de canal [la televisión] ... 53
Entonces, ¿cuál es la diferencia? [la hipocresía] ... 55
¡Qué bien te ves! [la apariencia física] ... 57
¿De qué se trata? [cristianismo básico] ... 59
Bebamos, bebamos... [el alcohol] ... 61

Quiero más [el materialismo] ... 63
Música para mis ojos [los videos musicales] ... 65
El gran libro [la Biblia] ... 67
Hablemos con Dios [la oración] ... 69
¡Esto es la guerra! [la guerra] ... 71
Confía en mí [la confianza] ... 73
¡Oh, Dios! [la relación con Dios] ... 75
Cuando dudamos [la duda] ... 77
¿Cómo compramos? [la publicidad] ... 79
Cómo dar a conocer a Jesús [testificar de Cristo] ... 81
¿Quiénes son nuestros modelos? [autoimagen y autoestima] ... 83
En búsqueda del éxito [el éxito] ... 85
La onda del grupo de jóvenes [evaluación del grupo de jóvenes] ... 87
Más sobre los problemas [los problemas de los adolescentes] ... 89
www.músicapop.com [la música popular] ... 91
¡Qué bocota! [controlar la lengua] ... 93
El hambre duele [el hambre en el mundo] ... 95
La guía paterna [los padres] ... 97
¡Me sacas de las casillas! [el enojo] ... 99
Dios en un cuerpo [Jesucristo] ... 101
La culpa es del diablo [la tentación] ... 103
Preocuparme, ¿por qué? [la preocupación] ... 105
Con los ojos fijos en las estrellas [los héroes] ... 107
No tengo a nadie [la amistad] ... 109

Qué son las Conversaciones Dinámicas y cómo se usan

¡Tenemos en nuestras manos un libro muy valioso! No, no nos convertirá en genios o en millonarios. Pero contiene 50 disparadores de discusiones instantáneas para jóvenes. En sus páginas encontraremos posibles Conversaciones Dinámicas para plantear a nuestro grupo sobre variados temas candentes y de actualidad. También hallaremos instrucciones sobre cómo iniciar y dirigir un debate, paso a paso. Todo lo que necesitamos es este libro, unas cuantas fotocopias de sus páginas, y algunos jóvenes (no estaría de más algo de comida para compartir). Estamos a punto de abordar temas muy importantes para la vida de los jóvenes de hoy.

Estas Conversaciones Dinámicas son flexibles y sencillas de plantear. Podemos utilizarlas en la reunión de jóvenes, en una clase de Escuela Dominical, en una célula, o en un estudio bíblico. Se adaptan bien a grupos grandes y pequeños. Y se pueden trabajar en 20 minutos o profundizarlas durante un par de horas.

Podemos organizar toda la reunión de jóvenes en función de estas guías de debate, o de lo contrario usar las Conversaciones Dinámicas como complemento de otros materiales que ya estemos usando. Estas son las herramientas con las que contamos. Cómo las empleemos depende de nosotros.

Conversaciones Dinámicas no es igual a cualquier otro libro de lecciones. Esta colección de guías logrará que los jóvenes se interesen en debatir temas muy trascendentes. Las Conversaciones Dinámicas abordan temas clave a través de actividades que despiertan el interés de los participantes, preguntas que plantean desafíos, y un diseño gráfico muy atractivo. Este libro llevará a los jóvenes de la iglesia a considerar otras opiniones, a aprender sobre ellos mismos, y a crecer en la fe.

Cómo liderar un debate con las Conversaciones Dinámicas

Las *Conversaciones Dinámicas* pueden ser usadas como una serie de temas a plantear en el grupo de jóvenes. Fueron diseñadas para actuar como una plataforma desde la que presentar los debates. Estimularán a los jóvenes a interactuar con otros en diversas discusiones sobre problemas que enfrentan a diario. Tendrán la oportunidad de reflexionar seriamente sobre ciertas situaciones, descubrir nuevas ideas, defender sus puntos de vista, y tomar decisiones.

Hoy, los jóvenes enfrentan un mundo en el que reina la confusión moral. Los adolescentes viven bombardeados por cientos de mensajes contradictorios de la sociedad de consumo y de los medios de comunicación, que la mayoría de las veces se imponen a los que escuchan en la iglesia. Los líderes de jóvenes deben transmitir enseñanzas y valores cristianos y también proveer herramientas que ayuden a los chicos a decidir en un mundo lleno de opciones.

Las Conversaciones Dinámicas sirven para ese propósito. Mientras contestan las preguntas y realizan las actividades de la guía de debates, los jóvenes reflexionarán sobre ciertas situaciones, compararán sus creencias y valores con los de otros, y se aprestarán a tomar decisiones. Las Conversaciones Dinámicas actúan como un desafío para que el grupo explique y reformule sus ideas en un ambiente de aceptación, apoyo y crecimiento.

El temor más común entre los líderes de jóvenes es a no saber qué hacer si los chicos solo se sientan en la reunión y no participan. Bueno, cuando los jóvenes no tienen nada que decir es porque no han tenido oportunidad o tiempo para organizar sus ideas. La mayoría ni siquiera ha desarrollado la capacidad de sostener una postura frente a los demás. Muchos, simplemente, están preocupados por no quedar como tontos ante los otros y temen expresar sus opiniones e ideas. ¿Cuál es la solución? El sistema de debates que proponen las Conversaciones Dinámicas les da a los jóvenes la oportunidad de reflexionar y estructurar sus ideas antes de que comience la discusión de los temas, para que no se sientan amenazados por no saber qué decir. Tendrán tiempo para organizar sus ideas, escribirlas, y dejar atrás el temor de hablar ante los demás. Muchos, incluso, estarán ansiosos por hacer oír sus respuestas. Querrán saber qué piensan los otros y abrirse a la consideración del tema que se les plantea.

Si todavía no estamos convencidos de que un debate de este tipo pueda funcionar con los jóvenes de nuestro grupo, ¡la única forma que tenemos de comprobarlo es hacer el intento!

Nuestro rol como líderes

Las discusiones más ricas no se desencadenan por accidente. Requieren una cuidadosa preparación y un líder sensible. No nos preocupemos por no tener experiencia o contar con poco tiempo para prepararnos.

¡Las Conversaciones Dinámicas han sido diseñadas para ayudar al líder más novato! Cuántos más debates dirijamos, más sencillo nos resultará hacerlo. Para lograr que los jóvenes participen, tengamos en cuenta las siguientes sugerencias.

PODEMOS ELEGIR POR DÓNDE EMPEZAR

Cada guía de debate aborda un tema diferente. Escojamos una en función de las necesidades y el nivel de madurez del grupo. No nos sintamos obligados a usarlas en el orden en que aparecen en este libro. Utilicemos nuestro propio juicio y mezclémoslas como mejor nos parezca. ¡Son herramientas en nuestras manos!

NECESITAMOS FOTOCOPIAS

Es necesaria una copia de la guía de debate para cada chico (únicamente la dirigida a los jóvenes). El material de la parte de atrás, la guía del líder, es solo para los que dirigen. Y ellos cuentan con nuestra autorización para sacar fotocopias de este libro para las actividades grupales. Las normas de los derechos reservados no han cambiado y por ley es obligatorio solicitar permiso de la casa editora antes de hacer copias de un material publicado. No obstante, se autoriza a sacar fotocopias de este material para uso exclusivo del grupo de jóvenes que ha adquirido el libro, no para cada grupo de jóvenes de la ciudad. Gracias por su cooperación.

PRIMERO PODEMOS INTENTARLO NOSOTROS

Una vez que hayamos seleccionado una de las guías de debate, sugerimos hacer la prueba de responder las preguntas y completar las actividades. Tratemos de imaginar la reacción de los jóvenes frente a la hoja. Eso podría servirnos para planificar el planteo de la discusión y para saber qué esperar de los jóvenes. Además, nos dará la oportunidad de pensar otras preguntas, actividades o textos bíblicos adecuados.

ALGUNOS CONSEJOS

En cada página de la guía del líder encontraremos sugerencias para sacar el mayor provecho de cada debate. Quizás deseemos agregar al margen algunas ideas nuestras. En la parte superior de cada hoja hay un espacio para llevar un registro de la fecha y el nombre del grupo. También figuran otras actividades sugeridas y las preguntas del debate.

Se han incluido algunas direcciones de Internet en *Conversaciones Dinámicas*. Son sitios en los que podemos buscar otros recursos complementarios. No olvidemos consultar la página de Especialidades Juveniles, *www.especialidadesjuveniles.com*, en la que encontraremos materiales e información adicionales, y otros sitios relacionados.

LA PRESENTACIÓN DEL TEMA

Es importante que antes de entregar las copias de Conversaciones Dinámicas presentemos el tema. La introducción debe ser breve e ir al grano, teniendo en cuenta las características de cada grupo. Tengamos cuidado de no hacer demasiado extensa la introducción de los temas, de no sermonear, y de no resolver los problemas antes de abrir el debate. El objetivo es despertar el interés de los chicos y crear un espacio para que ellos discutan.

Lo que mejor funciona son las introducciones hechas oralmente. Podemos contar una historia, dar un testimonio, o describir una situación que se relacione con el tema. Quizás deseemos motivar al grupo con una pregunta del tipo de: "¿Qué es lo primero que viene a tu mente cuando piensas en _____?" (incluir la palabra clave). Después de escuchar algunas respuestas, podemos agregar: "Bueno, parece que todos tenemos ideas diferentes acerca de este tema. Hoy vamos a investigar un poco más al respecto…" A continuación, entreguemos las copias de la guía de debate. Hay que prever que cada uno necesitará algo para escribir.

¡Ahora estamos listos para empezar! Los siguientes métodos constituyen buenas maneras de introducir los temas de este libro:

- Proyectar un video corto relacionado con el tema
- Leer un fragmento de un libro o de una revista
- Llevar un CD con música alusiva conocido por los jóvenes
- Enfocar la situación haciendo una breve representación
- Programar un juego que introduzca el tema
- Presentar estadísticas actuales, resultados de encuestas, o leer un artículo de algún periódico reciente que provea información relacionada con el tema.
- Utilizar un rompehielos para introducir el planteo de forma divertida. Por ejemplo, si el tema es la diversión, podemos planear un juego para comenzar el debate. Si el tema es el éxito, busquemos una competencia en la que los jóvenes experimenten el éxito y el fracaso.
- Usemos afiches o cualquier otra ayuda visual para conseguir que la atención se enfoque sobre el asunto a debatir

Existe un sinnúmero de posibilidades para la introducción. ¡El límite lo marca nuestra propia creatividad! Cada guía de debate ofrece algunas sugerencias, pero debemos sentirnos libres de utilizar el método con el que nos sintamos más cómodos. Solo debemos tener en cuenta que la introducción es una de las partes más importantes del encuentro.

Las reglas claras

Antes de empezar el debate, es conveniente definir algunas reglas básicas. No hace falta que sean muchas; solo las necesarias para que la actividad se desarrolle en orden. De este modo, los jóvenes pueden saber qué se espera de ellos. A continuación presentamos algunas sugerencias:

- **Lo que se dice en este lugar queda aquí.** Hagamos énfasis en la importancia de la confidencialidad; esto resulta vital para lograr un buen debate. Algunos chicos se abrirán y otros no. Pero, si saben que el grupo no mantiene en reserva lo que se conversa, seguramente no participarán.
- **No se permiten las burlas.** El respeto mutuo resulta fundamental. Si los jóvenes no están de acuerdo con alguna de las opiniones, pueden hacerlo saber, pero con respeto hacia quien la emitió. Está bien atacar las ideas, pero no a las personas.
- **No existen las preguntas tontas.** Los miembros del grupo tienen que sentirse en libertad de hacer preguntas en cualquier momento. La mejor manera de aprender es preguntar.
- **Nadie es obligado a hablar.** Los jóvenes deben saber que tienen el derecho de ceder su turno o no responder una pregunta si no lo desean.
- **Solo deberá hablar una persona por vez.** Este es un asunto de respeto mutuo. La opinión de cada uno es valiosa y merece ser oída.

El grupo debe tener en claro que para participar del debate se deben respetar estas reglas. Si percibimos que los chicos comienzan a atacarse o muestran actitudes hostiles durante la discusión, será necesario detener el debate y solucionar el conflicto antes de continuar.

El tiempo necesario

Después de la actividad introductoria, entreguemos las copias de las guías de debate a los jóvenes. Cada uno necesitará una Biblia y algo con qué escribir. Por lo general, encontraremos unas cinco o seis actividades en cada hoja de Conversaciones Dinámicas. Si contamos con poco tiempo, podemos seleccionar solo algunas de las actividades planteadas e indicarle al grupo cuáles son.

Cuando preparemos la actividad, evaluemos si es mejor que los jóvenes trabajen en grupo o solos.

Los jóvenes deben saber con cuánto tiempo contarán para completar la guía. A medida que la hora avance, debemos informarles sobre los minutos que les quedan. Si no llegaran a acabar, podemos darles un poco más de tiempo y luego, cuando la mayoría esté lista, comenzar el debate.

Un ambiente adecuado

Para que la actividad funcione es necesario que se cree un ambiente de aceptación y respeto. La mayoría de los jóvenes tiene temor a opinar y que los demás se burlen o a hacer el ridículo delante de sus amigos. Compartirán sus sentimientos y su manera de pensar solo si se sienten a salvo de las burlas. Digámosles que pueden abrirse con el grupo, aun si tienen ideas distintas de las de la mayoría o no muy populares. Si ellos reciben burlas, críticas, o comentarios negativos (aunque sus afirmaciones contradigan las enseñanzas bíblicas) entonces el debate no cumplirá su objetivo y muchos de los chicos se sentirán heridos.

Cuando hagamos preguntas a los jóvenes, aun las que se incluyen en las Conversaciones Dinámicas, formulémoslas de manera que lo que pidamos sea una opinión y no una respuesta. Por ejemplo, si una pregunta dice: "¿Qué debería haber hecho Guillermo en esta situación?" cambiémosla por "¿Qué crees tú que debería haber hecho Guillermo en esta situación?"

Simplemente con agregar esas tres palabras la pregunta deja de resultar intimidante. Ya no hay respuestas correctas o erradas, sino que se convierte en un asunto de opinión. Los jóvenes se mostrarán más cómodos en un clima distendido y de confianza. Además, se sentirán apreciados por nosotros, al ver que nos interesamos por su opinión.

Un debate con dirección

Analicemos con el grupo la conversación dinámica que hemos elegido y animemos a todos los jóvenes a participar. El debate será más enriquecedor si cada uno contribuye. Recordémosles que es importante que se respeten las opiniones y los sentimientos de los demás.

Si el grupo es muy grande, podemos dividirlo en equipos de entre 6 y 12 personas. Cada equipo tendrá un moderador (puede ser un líder del grupo o uno de los jóvenes) que será responsable de mantener la discusión activa y ordenada. Recordemos a los moderadores que no deben dominar la conversación. Si el grupo busca al moderador para obtener una respuesta, este deberá ingeniárselas para volver a formular la pregunta, de modo que sea el grupo quien la responda.

Una vez que los equipos hayan completado los debates, volvamos a reunir a todo el grupo y pidamos a cada equipo que exponga las ideas que surgieron.

No es necesario que dividamos a los asistentes cada vez que usemos una de las Conversaciones Dinámicas pero, para algunos debates, quizás resulten más provechosos los grupos más pequeños u homogéneos, como por ejemplo, hombres por un lado y mujeres por otro.

El objetivo del debate es dar respuesta a las preguntas planteadas en la guía de Conversaciones Dinámicas. Repasémoslas una por una y pidamos a los jóvenes que expongan sus respuestas. Intentemos que se comparen las distintas soluciones propuestas y trabajemos con ellos para buscar que surjan nuevas ideas para sumar a las anteriores. Animémoslos a participar, pero no forcemos a los que se quedan callados.

Aceptemos todas las respuestas, buenas o malas

Los jóvenes deben sentir que sus comentarios son importantes y que se aprecia cada aporte. Sobre todo, aquellos que rara vez hablan cuando se realizan actividades grupales. Agradezcámosles por participar del debate. Será un incentivo para que lo sigan haciendo en el futuro.
Aceptar no significa aprobar. Podemos aceptar como válidos incluso los comentarios que nos parezcan equivocados. Así demostraremos que todos tienen derecho a expresar sus ideas, aunque puedan resultar polémicas. Si alguien expresa una opinión absolutamente equivocada, tomemos nota de ello mentalmente. Luego, durante la conclusión, retomemos el comentario y presentemos un punto de vista diferente, de forma positiva. Pero nunca reprimamos a los jóvenes cuando opinan.

No nos quedemos con la última palabra

Algunos jóvenes piensan que nosotros tenemos la respuesta correcta a cada pregunta. Nos buscarán para recibir aprobación, aun cuando respondan una pregunta de otro de los miembros del grupo. Si de forma recurrente se enfocan en nuestras respuestas, deliberadamente trasladar la atención hacia el grupo con algún comentario como: "Recuerden que les están hablando a todos, no solo a mí."
Nuestra meta, como moderadores, es mantener vivo el debate. Es importante que los jóvenes nos vean como a los otros miembros del grupo, como a personas que están a su mismo nivel. Busquemos no ser autoritarios para que se aprecien las opiniones de los otros miembros del grupo. Además, si nos ven como a un compañero más, también estarán dispuestos a escuchar nuestros comentarios. Tenemos la gran responsabilidad de ser amigos en los que se pueda confiar.

Escuchar a los demás

Dios nos ha dado una boca y dos orejas. Los buenos moderadores de debate saben escuchar. Aunque a veces nos sintamos tentados a hacerlo, no monopolicemos la discusión. Animemos a otros a hablar primero y solo expresemos nuestras opiniones durante la conclusión.

Nadie debe sentirse forzado

Anima a todos los jóvenes a hablar, pero no los obligues a comentar. Cada miembro del grupo tiene el derecho de pasar. Si sientes que la discusión va por buen rumbo, prosigue a la siguiente pregunta o haz la pregunta de otra manera para que avancen.

Sin tomar partido

Durante el debate surgirán diferentes posturas a las que se adherirán unos y otros. Debemos ser muy cuidadosos de no mostrarnos ni de un lado ni del otro. Animemos a ambos bandos a revisar su postura, con preguntas que los obliguen a profundizar sus argumentos. En cambio, si hubiera un consenso general sobre algún asunto, podemos adoptar el rol del abogado del diablo y hacer preguntas difíciles, para que los jóvenes tengan que fundamentar sus respuestas. En todo momento debemos ser neutrales. Nuestro punto de vista refleja nuestro modo de pensar y no el de todo el grupo.

Nadie debe dominar la discusión

Casi cada grupo de jóvenes tiene a una persona que le gusta hablar y que está totalmente dispuesta a expresar su opinión sea cual sea el tema. Trata de animar a que exista una participación igual de todos los jóvenes.

Listos para debatir

Asegúrate de que las sillas estén arregladas de tal manera que todos se sientan parte del grupo y que se cree un ambiente cómodo y seguro para la discusión. Colocar las sillas en filas (como en el cine) no es favorable para la discusión. En lugar de esto, arregla las sillas en un círculo o semicírculo (¡o que todos se sienten en el suelo con almohadas!).

Está permitido reír

¡Las discusiones pueden ser muy divertidas! La mayoría de las Conversaciones Dinámicas tiene alguna pregunta que hará a los jóvenes reír y reflexionar a la vez.

PERMITAMOS QUE GUARDEN SILENCIO

El gran temor de quien guía un debate es que se produzca un gran silencio. Algunos intentan resolverlo con preguntas o comentarios. Las siguientes sugerencias nos pueden ayudar a superar ese difícil momento del modo más eficaz.

- Sintámonos bien cuando se produce un silencio. Esperemos al menos 30 segundos antes de responder. Quizás prefiramos reformular la pregunta para "despertar" a los jóvenes del grupo con cariño.
- Hablemos acerca del silencio con el grupo. ¿Qué significa el silencio? ¿Realmente no tienen comentarios que hacer? Tal vez estén confundidos, sientan vergüenza, o simplemente no quieran expresar sus respuestas delante de todos.
- Podemos deslizar un comentario como: "Yo sé que implica un desafío pensar en esto..." o "Siempre asusta ser el primero en hablar". Reconocer el silencio quizás haga que se rompa el hielo.
- Reformulemos la pregunta de modo que se clarifique el planteo. Pero no nos apresuremos a hacerlo sin antes haberles dado tiempo para pensar una respuesta a la primera pregunta.

MANTENGÁMONOS AL CONTROL

Monitorea la discusión. Mantente alerta si la discusión se va en cierta dirección o pierde el rumbo. Esto puede suceder muy rápido, especialmente si los jóvenes no se ponen de acuerdo o las cosas se ponen candentes. Sé un mediador muy sabio e impón el tono que deseas. Si tu grupo se aburre con un tema, regrésalos al rumbo correcto. Deja que la discusión se desenvuelva, pero sé sensible a tu grupo y a ver quiénes se involucran y quiénes no.

Si un joven trae a colación un tema secundario que es interesante, decide si continúas con esa dirección o no. Si la discusión va bien y vale la pena discutir ese asunto, entonces déjalos hablar al respecto. Pero, si las cosas pierden su rumbo, di entonces algo como: "Regresemos a ese tema más adelante si tenemos tiempo. Ahora, terminemos nuestra discusión acerca de..."

CREATIVOS Y FLEXIBLES

No tienes que seguir el orden de las preguntas en las Conversaciones Dinámicas. Sigue tu propio instinto creativo. Si encuentras otras maneras de usar las Conversaciones Dinámicas, ¡hazlo! No te detengas y agrega otras preguntas o referencias bíblicas.

No te sientas presionado a pasar tiempo en cada actividad. Si tienes poco tiempo, puedes omitir algunas cosas. Mantente apegado a las preguntas que son más interesantes para el grupo.

NUESTRAS METAS

Conversaciones Dinámicas ha sido diseñado para alcanzar un objetivo, pero es necesario que identifiquemos nuestras propias metas. ¿Qué queremos que aprendan los jóvenes? ¿Qué deberían descubrir? ¿Cuál es el objetivo de este encuentro? Si no sabemos a dónde vamos, es muy poco probable que lleguemos allí.

ALGUIEN CON QUIEN HABLAR

Es probable que después del debate haya algunos jóvenes que quieran conversar con nosotros (¡los hicimos pensar!). Sería bueno que supieran que pueden hablar a solas con nosotros cuando lo necesiten. Digámosles que pueden sentirse en libertad de hablar sobre cualquier tema porque mantendremos en confidencialidad la charla. Hagámosles saber que estamos para apoyarlos e interesarnos por sus cosas, más allá de su participación en el debate.

UTILICEMOS LA BIBLIA

La mayoría de las personas cree que la Biblia tiene autoridad sobre sus vidas. Es muy fácil para los líderes comenzar su discusión o apoyar sus argumentaciones con textos bíblicos. Pero los jóvenes de hoy forman su opinión y sus creencias primero de sus propias situaciones en la vida, y luego deciden cómo la Biblia satisface sus necesidades. *Conversaciones Dinámicas* comienza con las realidades del mundo de los jóvenes y luego los mueve hacia la Biblia. Tú también podrás mostrarles que la Biblia puede ser su guía y que Dios sí tiene algo que decirles acerca de sus propias situaciones.

La última actividad en las Conversaciones Dinámicas utiliza textos bíblicos que fueron seleccionados para su aplicación en cada tema. Pero no es una lista exhaustiva de versos. Siéntete en la libertad de agregar cualquier otro texto que crees puede encajar bien y agregar valor a la discusión.

Después de que los jóvenes lean los pasajes, pregúntales cómo creen que los textos se aplican a sus vidas y pídeles que resuman el significado de los textos para ellos.

Por ejemplo, después de leer el texto para "Goza la vida", puedes resumir diciendo algo como: "¿Ven? ¡Dios quiere que nos divirtamos! De hecho, Jesús habló en sus parábolas de fiestas, bailes, y celebraciones. Es evidente que Dios quiere que los cristianos lo pasen bien; pero también debemos tener cuidado".

EL CIERRE DEL DEBATE

Presenta un reto a todo el grupo preguntándote a ti mismo: "¿Qué quiero que los jóvenes recuerden más de esta discusión?" ¡Allí está tu conclusión! Es importante concluir afirmando al grupo y presentando un resumen que amarre la discusión.

Algunas veces no necesitas un cierre. Quizás quieras dejar el tema pendiente y terminar de discutirlo en otra reunión. De esa manera, tu grupo puede pensar acerca de esto más y tú puedes asentar las ideas finales más adelante.

VAYAMOS MÁS ALLÁ

En la guía del líder encontraremos más actividades (bajo el título "Un poco más") para dar seguimiento a la discusión. No son obligatorias, pero sí altamente recomendables. Permiten que los jóvenes reflexionen, evalúen, revisen, y asimilen lo que han aprendido. Estas actividades pueden contribuir a enriquecer el debate y el aprendizaje.

Recordemos preguntarles a los jóvenes qué les pareció la actividad, ya sea en ese momento o en la siguiente reunión. Estas son algunas preguntas que nos ayudarán a descubrir si les gustó:

- ¿Cómo les parece que reaccionó el grupo frente a esta actividad?
- ¿Fue útil o constituyó una pérdida de tiempo?
- ¿Cómo se sintió cada uno al participar?
- ¿Qué es lo que más se les grabó de esta actividad o del debate?
- Expliquen en una frase qué aprendieron.

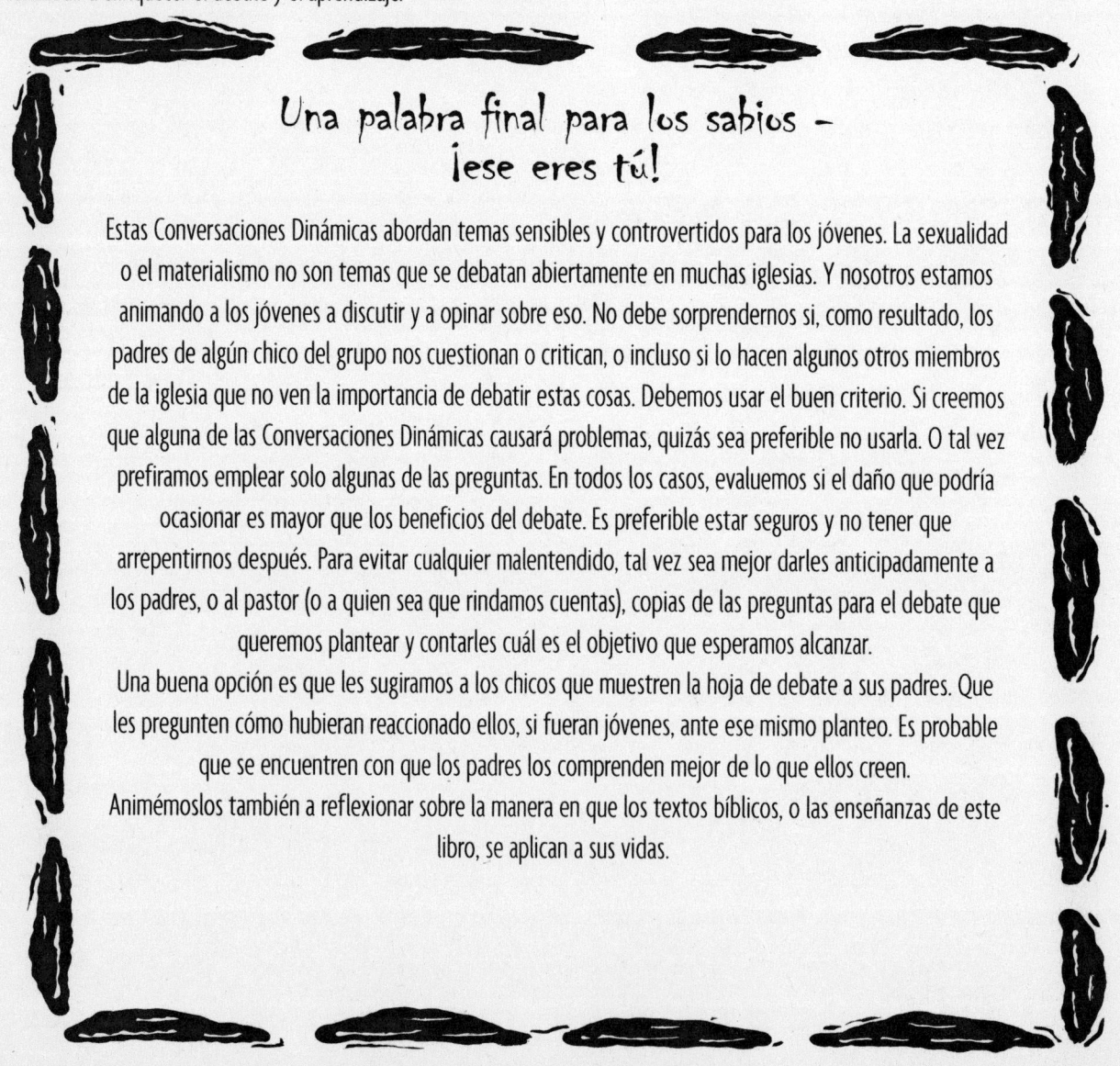

Una palabra final para los sabios – ¡ese eres tú!

Estas Conversaciones Dinámicas abordan temas sensibles y controvertidos para los jóvenes. La sexualidad o el materialismo no son temas que se debatan abiertamente en muchas iglesias. Y nosotros estamos animando a los jóvenes a discutir y a opinar sobre eso. No debe sorprendernos si, como resultado, los padres de algún chico del grupo nos cuestionan o critican, o incluso si lo hacen algunos otros miembros de la iglesia que no ven la importancia de debatir estas cosas. Debemos usar el buen criterio. Si creemos que alguna de las Conversaciones Dinámicas causará problemas, quizás sea preferible no usarla. O tal vez prefiramos emplear solo algunas de las preguntas. En todos los casos, evaluemos si el daño que podría ocasionar es mayor que los beneficios del debate. Es preferible estar seguros y no tener que arrepentirnos después. Para evitar cualquier malentendido, tal vez sea mejor darles anticipadamente a los padres, o al pastor (o a quien sea que rindamos cuentas), copias de las preguntas para el debate que queremos plantear y contarles cuál es el objetivo que esperamos alcanzar.

Una buena opción es que les sugiramos a los chicos que muestren la hoja de debate a sus padres. Que les pregunten cómo hubieran reaccionado ellos, si fueran jóvenes, ante ese mismo planteo. Es probable que se encuentren con que los padres los comprenden mejor de lo que ellos creen.

Animémoslos también a reflexionar sobre la manera en que los textos bíblicos, o las enseñanzas de este libro, se aplican a sus vidas.

VALE LA PENA VIVIR

1. ¿En qué piensas cuando escuchas la palabra *suicidio*?

2. ¿Qué te hace pensar que vale la pena vivir?

3. Debajo encontrarás cinco cosas que podrían causar que alguien de tu edad se quitara la vida. *Circula* la que crees que es la más común. ¿En qué forma que no sea el suicidio se podría lidiar con cada uno de estos problemas?
    a. Sufrir por el divorcio de los padres.
    b. Pensar que a nadie le importas.
    c. Terminar la relación con el novio o la novia.
    d. Ser abusado por uno de los padres.
    e. Sentirse sin valor e importancia.
    f. Perder clases.
    g. No saber qué hacer después de la secundaria.

4. Los padres de Joaquín se divorciaron cuando el tenía nueve años -ahora tiene 16. Él siente que no es amado ni deseado por sus padres. Les escribió una nota diciendo "ya no puedo más" y deseaba morir. Tú has conocido a Joaquín por dos años, pero no tenías idea que se sintiera deprimido. ¿Qué puedes hacer?
    - ❏ Llevar la nota a un consejero.
    - ❏ Hablarle a mis padres al respecto.
    - ❏ Hablarle a mi pastor de jóvenes.
    - ❏ Reírme de eso.
    - ❏ Decirme a mí mismo que él no quería realmente decir eso solo quería atención.
    - ❏ Tirar la nota e ignorarla.
    - ❏ Decirle a los padres de Joaquín.
    - ❏ Llamar a la policía.
    - ❏ Hablarle a Joaquín de sus sentimientos.
    - ❏ Orar para que alguien más lo ayude.
    - ❏ Otro

5. Lee cada uno de los pasajes bíblicos, y completa las frases con tus propias palabras.
    - Salmos 23:4-6 — Cuando me siento mal, *Dios puede*-
    - Gálatas 6:2 — Tengo la *responsabilidad* de-
    - Hebreos 4:15,16 — *Cristo entiende* cómo me siento porque

VALE LA PENA VIVIR [el suicidio]

EL TEMA DE LA SEMANA

El suicidio es real y un problema serio en la vida de los adolescentes hoy. El suicidio es una de las cinco principales causas de muerte entre los adolescentes y los jóvenes adultos. Ahora, más que nunca, debemos tratar los problemas que llevan al suicidio, como la depresión y la soledad.

Asegúrate de monitorear la discusión con mucho cuidado -este es un tema fuerte en la vida de muchos jóvenes. Sé sensible ante los miembros de tu grupo y sus respuestas a la discusión.

PARA COMENZAR

Comienza haciendo que tus jóvenes preparen una lista, ya sea como grupo o individualmente, de los problemas que enfrentan los jóvenes que los hacen sentir mal. Haz preguntas como -qué les causa estrés, qué presiones enfrentan, o qué hace que quieran rendirse. Haz una lista de estos problemas y habla acerca de cuáles son los más difíciles de llevar. ¿Por qué querría alguna gente terminar con sus vidas por estos problemas? ¿Cómo pueden tus jóvenes lidiar con estos problemas? ¿Qué hace que los jóvenes de su edad sientan que no hay salida?

EL DEBATE, PREGUNTA POR PREGUNTA

1. Haz que tus jóvenes preparen una lista de sus pensamientos acerca de la palabra suicidio. Quizás quieras escribir esta lista en una pizarra o una hoja grande de papel. Sé sumamente cuidadoso ante el hecho que muchos de ellos han conocido y amado a alguna persona que ha cometido suicidio. Tus jóvenes tal vez tengan respuestas emocionales -desde culpa y auto acusación, hasta ira y resentimiento. Toma el tiempo para hablar acerca de estas reacciones al suicidio.

2. Tendrás la oportunidad de aprender mucho acerca de tus jóvenes y sus creencias de esta respuesta. Quizás quieras hacer una lista de qué hacer que valga la pena vivir. ¿Qué hace que sus vidas sean emocionantes? ¿Cuál creen ellos que es el propósito de la vida?

3. Discute estas razones para el suicidio y pídela a tus jóvenes que compartan algunas alternativas para lidiar con ellas. Haz que evalúen si las alternativas son efectivas o prácticas. ¿Por qué sí o por qué no? Apunta que existen alternativas -querer salir o escapar de un problema no lo resuelve. Desafía a tus jóvenes a detenerse y pensar acerca del problema. ¿Vale la pena terminar su vida por eso?

4. Utiliza esta pregunta que causará tensión para hablar acerca de cómo los cristianos debieran responder ante una persona herida. Algunos de tus jóvenes pueden tener diferentes reacciones. Tal vez quieras que las compartan. Haz énfasis en que aun los cristianos lidian con pensamientos suicidas -no están exentos de sentirse sin ayuda, fuera de control, y deprimidos.

5. Pídele a tus jóvenes que compartan sus frases. Recalca que nuestra responsabilidad como cristianos es apoyar y animar a otros -aun aquellos que no están en nuestro grupo de amigos.

EL CIERRE

En tu conclusión, ten cuidado de no pasar por alto ningún problema que los jóvenes estén enfrentando. Sus problemas, como tus problemas, traen preocupación. Utilizando Hebreos 4:15,16, apunta que Cristo entiende cada uno de nuestros problemas. Él fue humano y sintió las mismas emociones que nosotros sentimos -él sabe cómo nos sentimos. Desafía a tus jóvenes a poner sus problemas ante Cristo y pedirle paz y fortaleza.

Apunta nuevamente que todos se han sentido más de alguna vez frustrados y sin valor. Anímalos a encontrar a alguien con quien compartir esto - alguno de sus padres, maestros, consejeros, pastores, o tú.

Cierra con algunas sugerencias acerca de cómo reconocer a alguien que está seriamente en peligro de quitarse la vida. ¿Cuáles son algunas señales que tus jóvenes pueden reconocer? Visita algunas organizaciones en línea para más información -Suicide Voices Awareness of Education (wwww.save.org) y American Foundation for Suicide Prevention (www.afsp.org).

Finalmente, apunta que la depresión y los sentimientos de incapacidad no son pecaminosos. La depresión es un mal diagnosticado clínicamente que afecta a millones de adultos y jóvenes cada año. Anímalos a hablar con un adulto de confianza para encontrar ayuda. Visita la página de National Foundation For Depressive Iones, Inc. (www.depression.org) o encuentra más información en www.depression.com.

UN POCO MÁS

- Pídele a tus jóvenes que hagan un poco de investigación en la Internet sobre el suicidio y la depresión. ¿Qué pueden encontrar acerca del suicidio en los jóvenes, incluyendo causas, porcentaje de muertes entre hombres y mujeres? ¿Cuáles son los tipos de depresión, y formas de curar la depresión?

- ¿Qué escuchan o ven tus jóvenes en los medios acerca de la depresión y el suicidio? Tal vez quieras enseñar un pequeño corto de un programa de televisión que muestre un problema juvenil y discutan las formas de manejar el problema. ¿Cómo presentan los medios el suicidio y la depresión? ¿Qué programas de televisión o las películas han visto que muestren estos problemas? ¿Qué han leído o visto en cuanto al problema del suicidio y cómo los jóvenes lidian con sus luchas?

¡CRÉELO!

1. Menciona algunas personas que creas que tienen *mucha* fe en Dios.

2. ¿Qué piensas de las siguientes afirmaciones? ¿Estás *de acuerdo (A)* o *en desacuerdo (D)*?
   ___ La fe hará desaparecer todas tus dudas para siempre.
   ___ La fe es una muleta para la mayoría de personas.
   ___ Hoy no es fácil tener fe como en los tiempos bíblicos.
   ___ La fe me ayudará a ganar mi examen de matemáticas.
   ___ Dios no nos pide tener fe todo el tiempo.
   ___ Yo tendría más fe si viera un milagro.
   ___ La fe te va a sanar cuando estés enfermo.
   ___ La fe hará todo en tu vida más simple.

3. ¿En qué medida afectan las siguientes cosas tu fe en Cristo? Ordénalas de *"no me afecta" (1)* a *"me afecta muchísimo" (10)*.
   ___ Los amigos
   ___ La familia
   ___ Las actividades extracurriculares
   ___ Los pensamientos
   ___ El noviazgo
   ___ El trabajo
   ___ Los estudios
   ___ El tiempo libre
   ___ La autoestima
   ___ Los planes futuros

4. A continuación encontrarás afirmaciones de la fe cristiana. ¿En cuáles de ellas cree completamente? *(Márcalas con un círculo.)* ¿De cuáles dudas un poco? *(Coloca un signo de interrogación al lado.)*

   a. Yo creo en Dios.
   b. Yo creo que Jesús se levantó de los muertos.
   c. Yo creo que la Biblia es verdad.
   d. Yo creo que iré al cielo cuando muera.
   e. Yo creo que Dios responde las oraciones.
   f. Yo creo que Dios ama a todas las personas por igual.
   g. Yo creo que el Espíritu Santo vive en mí.
   h. Yo creo que soy un pecador.
   i. Yo creo en Jesucristo.
   j. Yo creo que el infierno es real.

5. Lee los siguientes textos bíblicos, y completa las frases con tus propias palabras.

   Romanos 10:17   La fe viene por...
   Hebreos 11:1   La fe es...
   Hebreos 12:2   Jesús es...
   Santiago 2:18-19 La fe se muestra por...

¡CRÉELO! [la fe]

EL TEMA DE LA SEMANA

Suceden muchos cambios en la vida de los jóvenes cuando están en la secundaria. Al ver el entorno que los rodea, los adolescentes suelen cuestionar sus propias creencias, las de los demás e incluso las de sus padres. Es probable que algunos se sientan confundidos y duden de su fe en Dios. Otros directamente, manifestarán su rechazo a la formación cristiana que les dieron sus padres. Esta lección apunta a que el grupo debata sobre qué es la fe y qué significa ser cristiano.

PARA COMENZAR

Para comenzar este encuentro, haremos que el grupo confeccione dos listas distintas en una pizarra o en una cartulina. Una será un inventario de cosas acerca de las que los adolescentes están completamente convencidos y la otra será una lista de puntos sobre los que tienen dudas. Por ejemplo, están seguros de que el cielo es azul, de que la leche viene de la vaca, y de que el fuego quema. Pero no tienen certeza de cosas como cuándo será el fin del mundo, cuándo morirán, o con quién se casarán.

Ahora repasaremos ambas listas y pondremos una cruz al lado de las cosas que ellos, como seres humanos, pueden controlar. (Por ejemplo: "Yo sé que desaprobaré el examen si no estudio".) Luego marcaremos con un asterisco aquellos puntos que dependen de otros. ("Yo no sé si le caigo bien al profesor.") Finalmente, colocaremos un círculo junto a aquellas cosas sobre las que Dios tiene control (prácticamente todo).

A continuación, le preguntaremos al grupo cuáles de todas estas cosas asustan. Generalmente son aquellas sobre las que no están seguros. ¿De qué tienen miedo? ¿Cómo se sienten cuando no tienen control sobre alguna situación? ¿Qué es lo difícil de creer con respecto a algo que no se puede ver? Las respuestas serán del tipo de "porque tengo dudas" o "porque no puedo comprobarlo". ¿Cómo se sienten al saber que otro tiene control sobre las circunstancias? Finalmente, ¿qué piensan que es la fe? ¿Solo creer en Dios o resulta posible tener fe en otras cosas, en las personas o en las circunstancias?

EL DEBATE, PREGUNTA POR PREGUNTA

1. Le preguntaremos a cada joven por qué escogió a las personas que mencionó en la primera pregunta. ¿Cómo saben que ellos tienen mucha fe? ¿Qué características los definen? ¿Cómo es la relación que tienen con Dios?

2. Cada una de estas afirmaciones examina la fe desde una perspectiva diferente. Permitiremos que los jóvenes compartan sus respuestas y las razones de cada elección. Sugerimos no dar a conocer nuestra opinión hasta el cierre del encuentro.

3. Esto hará que los jóvenes reflexionen sobre cómo la fe afecta sus vidas. No le pediremos a cada uno que comparta el modo en que ha hecho la calificación, pero podemos ordenarlas como grupo, en función de las respuestas de la mayoría.

4. Este punto ayudará a que los jóvenes reflexionen sobre aquello en lo que creen. Se pueden utilizar estas afirmaciones para comenzar un debate sobre las creencias básicas de la fe cristiana. En ese caso, resultará útil entregar copias del credo de los apóstoles o la declaración doctrinal que se lee en nuestra iglesia. Este tiempo nos servirá para afirmar algunos conceptos básicos. En todo momento dejaremos en claro que dudar es normal y que aun Juan el Bautista tuvo dudas, como se relata en Lucas 7:18-19.

5. Les pediremos a algunos de los jóvenes que quieran, que lean las frases completas en voz alta. O bien, que las escriban en una cartulina o en una pizarra. Discutiremos cada uno de los versículos y luego hablaremos del pasaje, de su contexto y de lo que dice acerca de tener fe.

EL CIERRE

Tener dudas es normal. De hecho, muchas veces las dudas ponen a prueba nuestra fe. Le pediremos al grupo que piense en sus creencias. El objetivo es que examinen cómo la fe se relacionan con su vida diaria. ¿En el último tiempo, qué cambios (si los hay) produjo en ellos la fe? ¿Cómo incorporan sus creencias a la vida diaria? Destacaremos que la Biblia enseña que la fe sin obras es muerta (Santiago 2:14-17). ¿Qué significa esto para ellos? ¿A qué tipo de acciones los conduce su fe? Una buena manera de concluir es con un momento de oración individual y en silencio. Les plantearemos el desafío de reflexionar sobre sus creencias y sobre lo que significa Dios para cada uno. Si percibimos que alguno de los miembros del grupo no conoce el evangelio de Cristo, ese es el momento para guiarlo a la conversión. Le recordaremos que Dios lo está esperando con los brazos abiertos. Y que él nos ama más de lo que nos imaginamos.

UN POCO MÁS

- Daremos un tiempo para preguntas y respuestas del grupo. Pediremos que cada uno escriba en una hoja, anónimamente, las dudas que tenga acerca de la fe cristiana. Luego se recogerán las hojas e iremos sacando las preguntas de a una. La idea es que el grupo trate de responderlas, que debata sobre ellas y que utilice la Biblia para fundamentar sus respuestas. Para que la actividad resulte más interesante, podemos convocar al pastor de la iglesia y sentarlo en el banquillo para que responda todas las preguntas.

- Podemos sugerir a los jóvenes que envíen un correo electrónico o que conversen con algún adulto durante la semana, acerca de la fe en Dios, de la vida después de la muerte, de la Biblia, los milagros, de la oración, y de otros temas. Puede ser con un familiar, un profesor, o un amigo adulto.

EXPUESTOS

1. ¿Cuáles son las fuentes a las que recurren la mayoría de los jóvenes para informarse sobre *sexo*? (Señala tres)
   - ❏ La Biblia
   - ❏ Los amigos
   - ❏ Las clases de educación sexual
   - ❏ Los médicos
   - ❏ Los pastores y líderes juveniles
   - ❏ Las revistas y libros
   - ❏ Los profesores
   - ❏ Los padres
   - ❏ Los programas de radio
   - ❏ Las películas y la televisión
   - ❏ Internet
   - ❏ Otras: _____

2. ¿Cuál es la *postura* de las siguientes fuentes con respecto al sexo?

   Los padres:
   Internet:
   La iglesia:
   Los amigos:
   La televisión y las películas:
   Las revistas:

3. La consejera de la escuela de Laura le dijo que podía tomar pastillas anticonceptivas si estaba saliendo con algún chico, solo por si acaso. Incluso le dio el nombre de una clínica en donde podía conseguir las pastillas.

   a. ¿Qué piensas de ese consejo?
   b. ¿Qué debería hacer Laura?
   c. ¿Es malo que Laura tome pastillas anticonceptivas?
   d. ¿Tomar pastillas le dará una excusa para tener relaciones sexuales?
   e. ¿Qué consejo le hubieras dado a Laura?

4. ¿Qué frases usa la gente para presionar a otros a tener relaciones sexuales antes del matrimonio? (Por ejemplo: "No te preocupes, tengo preservativos".) ¿Estas frases resultan efectivas? ¿Por qué?

5. Lee uno de los siguientes pasajes bíblicos y escribe en una breve frase tu opinión al respecto.
   I Corintios 6:18-20
   Efesios 5:1-3
   I Tesalonicenses 4:3-8

EXPUESTOS [sexo prematrimonial]

EL TEMA DE LA SEMANA

El sexo está en todos lados. En la publicidad, en los programas de televisión, en las revistas y en las películas... Todo les dice a los jóvenes que el sexo prematrimonial se acepta y es normal. Los jóvenes del grupo necesitan escuchar el otro lado de la historia, pero de un modo positivo. Esta Conversación dinámica nos permitirá abordar el tema del sexo prematrimonial y de la sexualidad en un contexto cristiano, pero sin sermones ni condenación.

Los líderes trataremos de ser muy cuidadosos, para mantener una posición neutral y no presentarnos como jueces durante el debate. Nuestra meta es debatir acerca del significado del sexo, no condenar a los jóvenes que pueden ser sexualmente activos.

PARA COMENZAR

Sea lo que fuere que presentemos en la introducción, debe comunicar que el sexo es algo normal y saludable dentro de una relación de amor comprometida. Nuestra sociedad ha distorsionado su significado ¡y esa es la razón por la que abordaremos el tema!

Comenzaremos por preguntar para qué creó Dios el sexo. ¿Qué han escuchado los jóvenes en la iglesia acerca del sexo? ¿Qué han leído en la Biblia? Luego preguntaremos al grupo dónde se ve sexo, dónde se habla de sexo, dónde se hace referencia o se canta sobre sexo, cuándo y cómo aparece el tema en los medios de comunicación. Podemos hacer una lista con todas las respuestas en una pizarra o en un afiche. ¿Cómo se suele presentar el sexo? ¿Cómo han distorsionado los medios de comunicación el significado del sexo?

EL DEBATE, PREGUNTA POR PREGUNTA

1. ¿Cuáles son las tres fuentes de información más comunes sobre el sexo? Seguramente que no habrán incluido a los padres o la iglesia. Les haremos ver que lo que saben sobre el sexo generalmente se basa en información errónea que reciben de los medios de comunicación. ¿De qué fuentes les gustaría obtener más información? ¿Cuál es la fuente más confiable?

2. Haremos una lista referencial que refleje todas las posturas. Preguntemos cuáles son verdaderas y cuáles falsas, cuáles buenas y cuáles malas. Por último, cuáles se condicen con lo que enseña la Biblia.

3. Seguramente esta actividad generará mucho debate y causará un poco de tensión. Las preguntas presuponen que la pareja mantiene relaciones sexuales, así que preparémonos para lo que vendrá. Preguntemos a los jóvenes si esta presunción es cierta con respecto a sus pares. En términos generales, ¿la mayoría de los jóvenes tiene que enfrentar estos asuntos? Como cristianos, ¿de qué manera pueden manejar la situación?

4. Permitamos que el grupo exprese sus reacciones con respecto a las frases que suelen usarse para presionar sobre las personas y así llevarlas a mantener relaciones sexuales por motivos egoístas y no en beneficio de los dos. ¿De esa forma se respeta el cuerpo y las creencias de la otra persona? ¿Cómo hace un cristiano para resistir la presión? ¿Es más fácil o más difícil?

5. Nos enfocaremos en lo que Dios demanda de un cristiano en cuanto a su sexualidad y les pediremos que compartan sus ideas al respecto. Los guiaremos a ver que Dios no nos priva del sexo. Todo lo contrario. Él quiere lo mejor para nosotros física, emocional, y espiritualmente. Dios conoce las luchas de cada joven, y puede darles la fuerza que necesitan para vencer la tentación.

EL CIERRE

Haremos un resumen de los puntos que se han tratado, enfocándonos en el perdón de Dios. Probablemente, varios de los jóvenes hayan hecho cosas de las que se arrepienten y por las que se sienten culpables. Sería bueno leer algunos textos acerca del perdón y de la compasión de Dios (Isaías 1:18 ó I Juan 1:9). Nunca es demasiado tarde para arreglar cuentas con Dios y comenzar de nuevo.

Es importante que ellos sepan que estamos a su disposición para conversar (con aquellos que lo necesiten) acerca de sus problemas sexuales. Será una charla privada y confidencial. Si los jóvenes son víctimas de abuso o de acoso sexual (tal vez por comentarios inapropiados o caricias) o sospechan que eso le está ocurriendo a otros jóvenes, debemos llevarlos a recibir ayuda de inmediato. Puede ser a través de un consejero, de un familiar, de un pastor o de nosotros mismos. Para recibir más información podemos visitar www.rainn.org (Rape, Abuse and Incest Nacional Network) o ncasa.org (National Coalition Against Sexual Assault).

UN POCO MÁS

- Puede resultar necesario tomarnos un poco más de tiempo para hablar sobre la pornografía a través de revistas e Internet. La pornografía actúa como la droga. Es un hábito muy adictivo y daña las relaciones. Es fundamental que los miembros del grupo que tengan problemas con la pornografía reciban ayuda pronto.

- ¡Animemos a los jóvenes a comenzar a orar por su futura pareja desde ahora! Podemos sugerirles que presenten a quien será su esposo o esposa delante de Dios para que él lo guarde y prepare los corazones de ambos, sus mentes y sus cuerpos para el matrimonio.

EL JUEGO DE LAS CITAS

1. ¿Cómo sería una *cita ideal*? ¿A dónde irías?

2. ¿Cuáles de las siguientes características describen, a tu juicio, a un chico o chica ideal? (Escoge *tres*.)
   - ❏ Es abierto/a y sincero/a conmigo.
   - ❏ Me trata con respeto, me hace sentir especial.
   - ❏ Me escucha cuando necesito hablar.
   - ❏ Es muy admirado/a.
   - ❏ No saldría con otra persona que no fuera yo
   - ❏ Es muy atractivo/a.
   - ❏ Le gusta probar cosas nuevas y diferentes.
   - ❏ Es muy inteligente y saca buenas notas.
   - ❏ Se compromete en las actividades de su iglesia.
   - ❏ En seguida busca el acercamiento físico.
   - ❏ Tiene mucho dinero.
   - ❏ Es un/a cristiano/a comprometido/a.
   - ❏ Tiene sentido del humor.

3. ¿Qué piensas? *S (seguramente), T (tal vez) o N (nunca)*
   - ___ Uno debería salir con todas las personas que pueda.
   - ___ Los cristianos deberían orar antes de tener una cita.
   - ___ La mejor edad para comenzar a salir con alguien es a los 18 años.
   - ___ Está bien darse besos apasionados, siempre y cuando la pareja no vaya más allá.
   - ___ Los cristianos solo deberían salir con otros cristianos.
   - ___ No está mal que una chica invite a salir a un chico.
   - ___ El propósito de una cita es conocerse para el noviazgo y el matrimonio.
   - ___ Solamente deberías salir con personas que tus padres aprobaran.
   - ___ Las parejas deberían compartir los gastos cuando salen.
   - ___ Está mal que dos personas del mismo sexo tengan una cita.

4. ¿Qué dicen los siguientes pasajes con respecto a las citas?
   1 Reyes 11:1-4
   1 Corintios 5:9-11
   Gálatas 5:16

EL JUEGO DE LAS CITAS [las citas]

EL TEMA DE LA SEMANA

La sociedad y los medios de comunicación presionan a los jóvenes para que tengan citas desde una temprana edad. También los estimulan a experimentar la intimidad física con sus parejas. Estas presiones están impactando hoy incluso en la juventud cristiana. ¿Cuándo tienen citas? ¿Con quienes salen? ¿Cómo manejan los temas sexuales? Esta Conversación dinámica crea un foro de debate acerca de las citas románticas y cómo manejarlas desde una perspectiva cristiana.

PARA COMENZAR

Para romper el hielo podemos compartir alguna anécdota graciosa de nuestra propia experiencia en citas románticas, o bien podemos pedirles a varios de los líderes que compartan sus historias, cambiando los nombres para proteger a los inocentes. Luego haremos que el grupo elija y premie a la peor cita romántica.

O también podemos buscar, en revistas para adolescentes, historias de citas cómicas y compararlas. Tal vez los jóvenes puedan aportar algunos ejemplos. Les pediremos que escriban sus experiencias en una hoja y luego se leerán en forma anónima.

EL DEBATE, PREGUNTA POR PREGUNTA

1. Los jóvenes del grupo pueden tener opiniones diferentes al respecto. Puedes escribirlas en una pizarra o en una cartulina, por si queremos hacer referencia a ellas más adelante

2. Este ejercicio llevará a que los jóvenes reconozcan cuáles son sus prioridades y valores, ya que solo pueden elegir tres respuestas. Tal vez podríamos contar los votos para descubrir cuál es la característica a la que el grupo asigna mayor importancia. Les pediremos también a los líderes que den su opinión.

3. Aprovechemos esta actividad para hacer que el grupo debata y plantee distintos argumentos sobre el tema. Podemos dividirlos en grupos y darles tiempo para postular un caso y fijar una posición. Luego cada equipo presentará su caso. Los animaremos a usar la Biblia para argumentar y sostener una postura.

4. Las citas románticas no aparecen específicamente mencionadas en la Biblia, así que los jóvenes deberán hacer una aplicación de la Palabra de Dios a la vida moderna. Les pediremos que den su interpretación de cada versículo, y luego nosotros realizaremos algunos comentarios.

EL CIERRE

Salir con alguien del otro sexo es una parte importante de la vida de los jóvenes. Pero existe demasiada presión social para que las salidas sean citas amorosas. Las salidas sirven para construir relaciones con otros y no para competir con los demás a ver quién sale con más chicas o quién consigue "más acción" en un encuentro. Salir no tiene que ser algo romántico. Puede simplemente ser un paseo divertido para conocer a la otra persona. ¿Por qué algunos piensan que, si no salen con nadie, son unos perdedores? ¿Por qué se pone tanto énfasis en las citas?

Sería oportuno hablar sobre la intimidad física durante una cita. ¿Qué es lo bueno y lo malo de salir con alguien por mucho tiempo? ¿Cómo manejan los jóvenes en general las relaciones sexuales? ¿Y los cristianos?

Para terminar, podemos cerrar el encuentro con una oración. Pongamos delante de ellos el desafío de pedirle a Dios sabiduría y dominio propio en sus citas. Que tomen conciencia de que Dios está en control de sus relaciones y espera que ellos sean respetuosos con la otra persona. Sugirámosles que comiencen a orar desde ahora por sus futuros esposos y esposas, pidiéndole a Dios que prepare a la otra persona.

UN POCO MÁS

- Los casos de abuso físico y violación durante las citas van en aumento. Podemos conversar con los chicos acerca de formas seguras de salir con alguien, para no correr peligro. Les haremos ver que la violación es un delito, incluso en una cita, porque nadie, bajo ninguna circunstancia, puede obligar a otra persona a mantener relaciones sexuales. ¿Cómo pueden evitar convertirse en víctima de abusos? Animémoslos a que se encuentren con la otra persona en un determinado lugar si tienen temor o no se sienten cómodos al subir al mismo vehículo. Sugirámosles que elijan lugares públicos para encontrarse. Es conveniente que los jóvenes tengan un adulto de confianza con quien poder hablar, por si alguna vez alguien los golpea, o los presiona para tener relaciones sexuales, o los viola. Podemos ser nosotros, un pastor, un docente, un consejero, o sus padres. Para obtener más información, visitemos www.rainn.org (Rape, Abuse and Incest National Network) o ncasa.org (National Coalition Against Sexual Assault).

- ¿Qué piensa la sociedad sobre las citas? En Internet y en las revistas para jóvenes suelen aparecer artículos al respecto. Les pediremos a los chicos que busquen algunas estadísticas o entrevistas sobre los riesgos de las citas con desconocidos. Luego discutiremos los artículos y los casos que se mencionan. ¿Cómo pueden manejar esas situaciones los cristianos? ¿Cómo pueden aconsejar los jóvenes a sus compañeros y amigos para que ellos logren tener citas sanas?

BESOS Y ABRAZOS

1. ¿Qué significa la palabra *amor* para ti?

2. Marca con un *círculo* las palabras que crees que describen mejor el amor.

Romance	Compartir	Adoración	Lujuria
Sexo	Responsabilidad	Vulnerabilidad	Matrimonio
Para siempre	Dar	Admiración	Besar
Divertido	Pasión	Devoción	Amistad
Compromiso	Enamoramiento	Platónico	Otras:

3. La mayoría de las chicas de la edad de Sandra tienen ganas de encontrar a alguien de quien enamorarse. Sandra, que está en segundo año de la secundaria, tiene otro problema: ella quiere que Gabriel, su antiguo novio, la olvide y deje de llamarla. Él dice que no se rendirá porque no puede sacarla de su mente y que aun la ama.

    ¿Qué consejo le darías a *Sandra*?

    ¿Y a *Gabriel*, qué le dirías?

4. Fue todo como en las películas. Antonio y Erica se conocieron cuando estaban de vacaciones en la playa. Tres meses después, Antonio le pidió que se casara con él. Erica dijo que sí, aunque él fuera seis años mayor y estuviera divorciado. Después de todo, ella estaba enamorada, y eso es lo que importa.

    ¿Qué consejo le darías a *Erica*?

    ¿Qué consejo le darías a *Antonio*?

    ¿Qué crees que opinarían *sus padres*?

5. ¿Qué te parece? Contesta "sí" o "no".
    - ____ El amor verdadero puede conquistar todo
    - ____ El amor verdadero es algo que sientes en tu corazón
    - ____ El verdadero amor es ciego
    - ____ El amor verdadero sucede solo una en *vez* en la vida
    - ____ El verdadero amor solo ocurre en las películas
    - ____ El amor verdadero es para siempre
    - ____ El amor verdadero hace que el sexo prematrimonial esté bien
    - ____ El verdadero amor se descubre a primera vista

6. ¿Cuál de las siguientes historias bíblicas crees que describe el *amor verdadero*?
    Génesis 29:18-20   2 Samuel 11:2-5   Jueces 14:1-3   Ester 2:17

BESOS Y ABRAZOS [el amor romántico]

EL TEMA DE LA SEMANA

Es probable que los jóvenes del grupo tengan ideas erradas acerca de lo que es el amor. Los medios de comunicación presentan al amor romántico como los momentos apasionados en los que una pareja se besa y se acaricia. Muchos jóvenes piensan que el amor es un sentimiento. Otros creen que es atracción física o intimidad sexual. El propósito de esta Conversación dinámica es plantear el debate acerca de lo que significa realmente el amor. Jesús enseñó que el amor es más que un sentimiento ¡y él lo demostró! Es acción, compromiso y un estilo de vida.

PARA COMENZAR

Envía al grupo a una "Cacería de amor". Deberán averiguar, por ejemplo, cuántos de los títulos de películas de un negocio de videos incluyen la palabra amor. ¿Cuántas revistas tienen la palabra amor en la portada? ¿Cuántos de los éxitos de la radio hablan de amor? ¿Cuantos de sus CDs lo mencionan? Les pediremos que traigan ejemplos específicos de títulos o letras. Utilicemos nuestra creatividad y todo el tiempo del que dispongamos. Luego reflexionemos acerca de los mensaje que transmite hoy la palabra amor.

EL DEBATE, PREGUNTA POR PREGUNTA

1. Intentemos que los jóvenes compartan sus opiniones acerca de qué es el amor. Instémoslos a usar las palabras de la pregunta 2 como plataforma. Escribamos sus respuestas en una pizarra o en una cartulina grande. Usaremos esta lista más adelante.

2. Les pediremos que mencionen lo que han elegido. Agreguémoslo a la lista de la pregunta 1. Seamos cuidadosos en cuanto a no juzgar los términos que ellos han escogido. Podemos preguntarles por qué los eligieron. ¿El resto del grupo está de acuerdo? ¿Por qué?

3. y 4. Estas preguntas puedan causar cierta tensión, pero también generarán el clima para debatir acerca del verdadero amor confrontado a los sentimientos. Quizás podríamos abordar los casos desde diferentes ángulos. Por ejemplo, supongamos que Sandra no es cristiana, o que estaba embarazada, o que se enamoró de otro chico. En el segundo caso podemos plantear que Erica tiene 16 años o que ambos son cristianos. A medida que presentamos distintas variables, preguntémosles de qué manera cambiaría el consejo a dar. ¿Por qué? Otra idea sería dividir a los jóvenes en grupos pequeños, y entregarle a cada uno un planteo distinto de la situación. Permitámosles decidir qué debería hacerse en cada caso. Luego deberán presentar las conclusiones al resto del grupo para su discusión.

5. Repasemos cada afirmación, y dejemos a los jóvenes que debatan al respecto. ¿Cuáles son las diferentes opiniones? ¿Están de acuerdo con los demás? ¿Por qué? Hagámosles comprender que los chicos y las chicas pueden tener diferentes opiniones. Algunos de los puntos que se abordan pueden traer a colación el tema del divorcio. Tratemos con delicadeza el tema, ya que algunos miembros del grupo pueden tener padres separados.

6. Proveamos un espacio para que los jóvenes lean y reflexionen sobre las distintas historias y compartan sus opiniones. Hagámosles notar que no todos los personajes de la Biblia fueron perfectos. ¿Qué dice cada historia sobre el amor?

EL CIERRE

Con las listas de las preguntas 1 y 2, confeccionemos una nueva lista que señale qué es el amor según Dios. En base a 1 Corintios 13:1-13, hagamos un listado de lo que es y lo que no es el amor. ¿Qué significa el amor en la vida diaria? Les pediremos que busquen ejemplos específicos de cómo demostrar amor. Luego los animaremos a que piensen en un área en la que necesitan crecer en amor. ¿A quiénes les cuesta demostrar amor? ¿Qué actitudes necesitan modificar?

Expliquemos y analicemos los tres tipos de amor mencionados por los griegos: ágape, filos y eros. Ágape es el amor que muestra Dios hacia nosotros, un amor genuino, sacrificial, no egoísta y que siempre lo da todo. Filos es el amor que representa la amistad. Eros es el amor en un nivel más físico, sexual. Concentrémonos en el ágape, el amor que Cristo demostró. Los matrimonios sanos incluyen los tres tipos de amor. Expliquemos que el amor es mucho más que un sentimiento de enamoramiento o un romance. Implica responsabilidad y compromiso. Es una decisión, un acto de la voluntad.

UN POCO MÁS

- Dividamos a los jóvenes en grupos. Cada equipo deberá buscar (puede ser de antemano) la letra de una canción popular que hable del amor. La mayoría de ellas aparecen en Internet. Los jóvenes deberán examinar su significado. ¿Qué nos quiere decir? ¿Cómo evaluarían la canción a la luz de lo que se ha debatido? ¿Qué significa esa canción para un cristiano?

- ¿Qué es el amor sacrificial? Podemos pedirle al grupo que busque ejemplos de amor sacrificial en la Biblia. ¿Qué personajes mostraron amor ágape? ¿Qué fue lo que hicieron? ¿Qué dijo Dios o qué hubiera dicho? ¡El amor ágape significa tragarnos el orgullo y sacrificarnos! Cristo renunció a todo y murió por nosotros. Si él hizo tanto, ¡piensa en todas las pequeñas cosas que podríamos hacer nosotros!

AMOR PARA TODA LA VIDA

1. Señala cuál consideras que es la *mejor* edad para casarse

   Mujeres
   - ❏ 15-18
   - ❏ 19-22
   - ❏ 23-26
   - ❏ 27-30
   - ❏ más de 30

   Hombres
   - ❏ 15-18
   - ❏ 19-22
   - ❏ 23-26
   - ❏ 27-30
   - ❏ más de 30

2. ¿Cuáles de las siguientes cosas son importantes en el matrimonio? Califícalas de la *más importante (1)* a la *menos importante (12)*.

   ____ El sexo
   ____ Los hijos
   ____ La comunicación
   ____ El compromiso
   ____ La religión
   ____ Los intereses en común
   ____ La estabilidad financiera
   ____ El respeto
   ____ La fidelidad
   ____ El amor romántico
   ____ La amistad
   ____ La lealtad

3. ¿Cuál de las siguientes aseveraciones describe mejor tu opinión acerca de la *convivencia previa* al casamiento?
   - ❏ Es totalmente aceptable.
   - ❏ Es una buena manera de saber si funcionará el matrimonio.
   - ❏ Es mejor que divorciarse.
   - ❏ Resulta posible si uno es adulto.
   - ❏ Es totalmente inaceptable.
   - ❏ Es un ahorro a la hora de pagar la renta.

4. Selecciona diez de las cualidades que te gustaría que mostrara tu futura pareja, y ordénalas de *la más importante (1)* a la *menos importante (10)*.

   ____ Buena apariencia
   ____ Dinero
   ____ Un cuerpo increíble
   ____ Inteligencia
   ____ Potencialidad como buen padre o buena madre
   ____ Seguridad en sí mismo
   ____ Salud emocional
   ____ Valores similares
   ____ Sentido del humor
   ____ Intereses en común
   ____ Compromiso con Cristo
   ____ Sinceridad y confiabilidad
   ____ Respeto
   ____ Habilidad para el liderazgo
   ____ Buenos ingresos
   ____ Consideración
   ____ Atracción sexual
   ____ Comunicatividad
   ____ Romanticismo y cariño
   ____ Amistad
   ____ Buen trasfondo familiar

5. ¿Qué dicen estos textos acerca del *matrimonio y del amor*?

   Proverbios 18:22   1 Corintios 7:1-11   2 Corintios 6:14-16

AMOR PARA TODA LA VIDA [el matrimonio]

EL TEMA DE LA SEMANA

Seamos sinceros: la imagen que tenemos del matrimonio se está deteriorando. Los problemas de pareja abundan. Cada vez más gente convive sin casarse. No es para sorprenderse que los jóvenes de hoy cuestionen el propósito y el significado del matrimonio. Esta Conversación dinámica le proporcionará al grupo la oportunidad de debatir acerca de las verdades referidas al matrimonio desde una perspectiva cristiana. Esto nos permitirá clarificar conceptos erróneos, bajas expectativas, y falsos ideales que la sociedad de hoy impone.

PARA COMENZAR

Podemos iniciar con un estudio de caso, mediante una dramatización con el grupo. Enfocaremos el caso de un joven o una señorita de 20 años que acaba de terminar (definitivamente) una relación con el amor de su vida, de quien pensaba que era el escogido (o la escogida). Ahora se pregunta qué es el matrimonio y por qué alguien querrá casarse. ¿Por qué queremos conocer otras personas antes de tomar la decisión final? ¿Cuáles debieran ser las razones para casarnos?

Organicemos un lluvia de ideas y que los jóvenes escriban en una pizarra o en una cartulina una lista de razones por las que casarse. Algunas serán totalmente obvias (compañerismo, sexo) y algunas no tanto (tener alguien que nos cocine). Pidamos que escriban todo lo que se les ocurre cuando escuchan la palabra matrimonio y por qué el matrimonio es mucho mejor que solo vivir juntos.

EL DEBATE, PREGUNTA POR PREGUNTA

1. Pidamos a los jóvenes que nos informen acerca de sus elecciones y las razones por las que escogieron esa edad. ¿Cuáles son las ventajas y desventajas de casarse a cada edad?
2. Debatamos acerca de las tres respuestas más recurrentes y las tres menos mencionadas. ¿Por qué fue así? ¿Qué razonamiento sustenta cada una de ellas? Luego ordenémoslas junto con el grupo en una pizarra o en una cartulina grande.
3. Vivir juntos hoy es una alternativa al matrimonio. Muchas parejas jóvenes se han divorciado, o sus padres viven con un novio o una novia. Como resultado, muchos temen al matrimonio. Debatamos sobre las ventajas y desventajas de vivir juntos, y pidámosles que den respuestas sinceras. Recordemos sus respuestas y los argumentos bíblicos que planteen en la conclusión.
4. Debemos dejar que los miembros del grupo analicen sus rasgos preferidos con los otros participantes. Quizás puedan hacer una lista de los favoritos y discutirlos más tarde. Que los ordenen según el orden de importancia que les hayan dado.
5. Repasemos los pasajes para saber cuáles han escogido y cómo los han resumido. ¿Qué les enseñaron estos versículos acerca del amor y el matrimonio?

EL CIERRE

Compartamos brevemente la perspectiva bíblica sobre el matrimonio. Les diremos que a pesar de los fracasos de las parejas de hoy, el matrimonio es algo santo e instituido por Dios. No debería ser tomado a la ligera. El casamiento es una de las decisiones más importantes de la vida, y -con la ayuda de Dios- el matrimonio puede llegar a buen puerto.

Repasemos la lista de la introducción y comparémosla con la de la voluntad de Dios para el matrimonio. Hagámosles ver que Dios creó el matrimonio para todas esas cosas buenas que se suman al hecho de tener un amigo para siempre. ¿Alguno ha cambiado de idea sobre el matrimonio?

Llevemos a los jóvenes a reflexionar seriamente sobre lo que buscan en la persona que eligen para el matrimonio. ¿Cómo pueden comenzar a buscar desde hoy llegar a formar un matrimonio sano? ¿Qué se puede aprender de los errores de la sociedad y de la imagen que se transmite del matrimonio y del divorcio?

Finalmente, animemos a aquellos que han experimentado el dolor de un divorcio (el propio o el de los padres) a llevar su carga a Cristo. Que vean que Cristo puede sanar las relaciones rotas y heridas, que él los espera con sus brazos abiertos. Y, asegurémosles a los jóvenes de nuestro grupo que estás a disposición de ellos para hablar con aquel que lo necesite.

UN POCO MÁS

- Si el grupo responde a estímulos visuales, podemos proyectar escenas de televisión o pedirles que vean algún programa que muestre a alguna pareja de esposos. ¿Cómo se presenta el matrimonio en ese programa? ¿Como bueno o como malo? ¿Qué problemas o peleas ocurren? Llevémoslos a debatir las conclusiones a las que han arribado, y a descubrir la manera en que los medios de comunicación presentan al matrimonio como algo fuera de la realidad.
- También podemos dedicar un tiempo a entrevistar a una pareja o a una persona divorciada para debatir abiertamente sus experiencias en el matrimonio. Si es un matrimonio, los jóvenes pueden preguntarle acerca de cómo manejar las citas, la comunicación y la vida en pareja. Tratemos de que se enfoquen los aspectos importantes (no solo las preguntas referidas al sexo). Finalmente, sugiramos a los jóvenes que pregunten a sus padres acerca de lo que significa estar casados, y que los apoyen cuando pasan por momentos difíciles en su matrimonio.

¿LO HAGO O NO?

1. ¿Tu conducta refleja tus valores y creencias? Califícate de 1 a 10 (1 es "no, en absoluto" y 10 "sí, completamente").

2. Cuando crees que algo está mal, pero de todos modos lo haces:
   ¿Cómo te sientes?

   ¿Por qué eliges hacerlo?

   ¿Te sientes culpable después?

3. ¿Qué es lo que más te gustaría cambiar de tu conducta y con respecto a tus valores?

4. Se suponía que anoche Braulio iba a ayudar a su líder a planificar las actividades del año siguiente. Pero su amigo Diego lo llamó y le dijo que los chicos saldrían a tomar algo para celebrar el cumpleaños 18 de Renato y que a los padres les dirían que iban al estudio bíblico. Braulio quería ir; Diego y Renato eran sus mejores amigos. Y, en realidad, no era su obligación ayudar a planificar las actividades del grupo de jóvenes. O podía hacerlo otro día. Llamó a su líder y le mintió. Le dijo que había olvidado que tenía que estudiar para un examen de matemática. El líder comprendió pero al día siguiente lo llamó para ver cómo le había ido.

   ¿Qué piensas de la decisión de Braulio?

   ¿Qué hubieras hecho si fueras Braulio?

   ¿Qué consejo le darías a Braulio?

   ¿Qué pensarías si fueras el líder de jóvenes y te enteraras de la verdad?

5. Lee los siguientes versículos y califícate de *1 a 10 (1 si estás muy bien y 10 si necesitas cambiar bastante)*.
   ___ Lucas 6:46-47   ___ Romanos 7:15   ___ Romanos 14:22
   ___ Gálatas 5:16   ___ I Juan 1:9

   ¿Qué dicen estos textos acerca de los *valores y conductas* cristianas?

¿LO HAGO O NO? [los valores y la conducta]

EL TEMA DE LA SEMANA

La adolescencia es la etapa de la vida en la que las personas más cuestionan sus valores y creencias. Los jóvenes ven televisión, escuchan radio, navegan por Internet, y pasan su tiempo con los amigos. Todo esto influye sobre su conducta y la moldea. No es una sorpresa, entonces, que para muchos sea difícil compatibilizar el modo de actuar con sus creencias. Esta Conversación dinámica nos ayudará a considerar maneras de vivir a diario los valores cristianos.

PARA COMENZAR

Los varones deberán armar un gran nudo humano. Haremos que entrelacen brazos y piernas. Luego les pediremos a las chicas que traten de separarlos. Por supuesto, habrá algunas reglas: no vale pegar, pellizcar o patear, solo tironear. Démosles algunos minutos. Luego les preguntaremos qué fue lo que les resultó difícil al tratar de separarlos. ¿Para ellos fue sencillo mantenerse juntos mientras ellas tiraban y empujaban? ¿Las chicas pensaron en rendirse? ¿Qué hizo que los chicos se mantuvieran fuertemente unidos?

Destacaremos que algunas personas toman decisiones y se mantienen apegadas a ellas pero las circunstancias pueden hacer que dejen de lado sus valores. En cambio, es más sencillo estar firmes cuando nos rodean personas que tienen los mismos valores y a quienes debemos rendir cuentas, como ocurrió con el nudo humano.

EL DEBATE, PREGUNTA POR PREGUNTA

1. ¿Cómo se calificaron los jóvenes? Expliquemos al grupo que si la conducta no refleja las creencias de una persona, es muy probable que esta acabe modificando aquello en lo que cree para adecuarlo a su realidad.

2. Quizás notemos que los jóvenes acusan cierto sentimiento de culpa al responder este punto. Debemos transmitirles que la culpa no siempre es mala, que fue creada por Dios para alinear nuestros patrones de conducta con nuestro sistema de valores. Estamos en serios problemas si ya no nos sentimos culpables por actuar en contra de lo que creemos que está bien.

3. Compartir las respuestas en voz alta puede resultar incómodo. Podemos entregar hojas en blanco para que las escriban. Después, recogeremos las hojas para debatir sobre las respuestas. Podemos hacer una lluvia de ideas sobre formas prácticas de cambiar patrones de conducta incompatibles.

4. Seguramente esta actividad producirá tensiones. Le pediremos al grupo que califique lo que hizo Braulio en una escala de 1 (lo peor) a 10 (lo mejor). La mayoría escogerá un valor intermedio. Destacaremos que casi nunca las opciones en la vida se presentan de un modo tan obvio como "esto es lo correcto" o "esto es lo incorrecto". A veces nuestras decisiones pertenecen a esa zona gris, que no es ni blanca ni negra. Pidámosles que mencionen ejemplos de ese tipo de situaciones en las que no es sencillo saber cómo proceder y que cuenten cómo actuaron en cada caso.

5. El grupo buscará cada pasaje y después evaluaremos en qué punto se encuentra cada uno. Si los jóvenes sienten que están lejos de lo que Dios espera, ayudémosles a tomar conciencia de que ese es el primer paso para mejorar.

EL CIERRE

Animemos a los jóvenes a reflexionar sobre sus valores y a tratar de vivir en consecuencia. Necesitamos vivir lo que creemos y predicamos. Podríamos escoger un mandamiento como amar al prójimo y hacer una lluvia de ideas para armar una lista de acciones que reflejen ese valor. Durante la semana trataremos de estar pendientes de cumplirlo. Buscaremos formas de poner en práctica nuestros valores. Si tomamos buenas decisiones con frecuencia, nos resultará cada vez más sencillo vivir lo que creemos.

Animémoslos a usar la Biblia como ayuda y guía. Sugiramos que les pidan consejo a sus padres y a otros cristianos cuando no sepan qué decisión tomar. Hagámosles saber que estamos disponibles para ayudarlos en cualquier momento.

UN POCO MÁS

- Podemos analizar ejemplos de personajes de la Biblia que tuvieron que tomar decisiones en función de sus valores. Algunos de ellos fueron Adán y Eva (Génesis 3), Abraham (Génesis 12), Esaú (Génesis 25:27), David (2 Samuel 11-12) y Mateo (Mateo 9:9). Estudiemos cuál era la situación y cómo la resolvieron. Hablemos de cómo las decisiones de estos personajes afectaron el resto de sus vidas, y a sus familias. ¿Cómo se relacionan estas historias con los jóvenes del grupo?

- También se podría hablar de los valores que presentan los medios de comunicación. Hagamos una lista de los valores que muestra la televisión y los jóvenes pueden ver, o la radio o Internet. ¿Cómo se condicen esos valores con los del reino de Dios? ¿Qué podrían hacer los chicos para resistir la presión? ¿Qué valor le asignan a lo que miran y oyen? Animémoslos a tener los ojos y oídos entrenados para distinguir entre los valores de Dios y los del mundo.

LOS DOMINGOS

1. Haz una lista de las *cinco cosas* que quisieras hacer un domingo en lugar de ir a la iglesia.

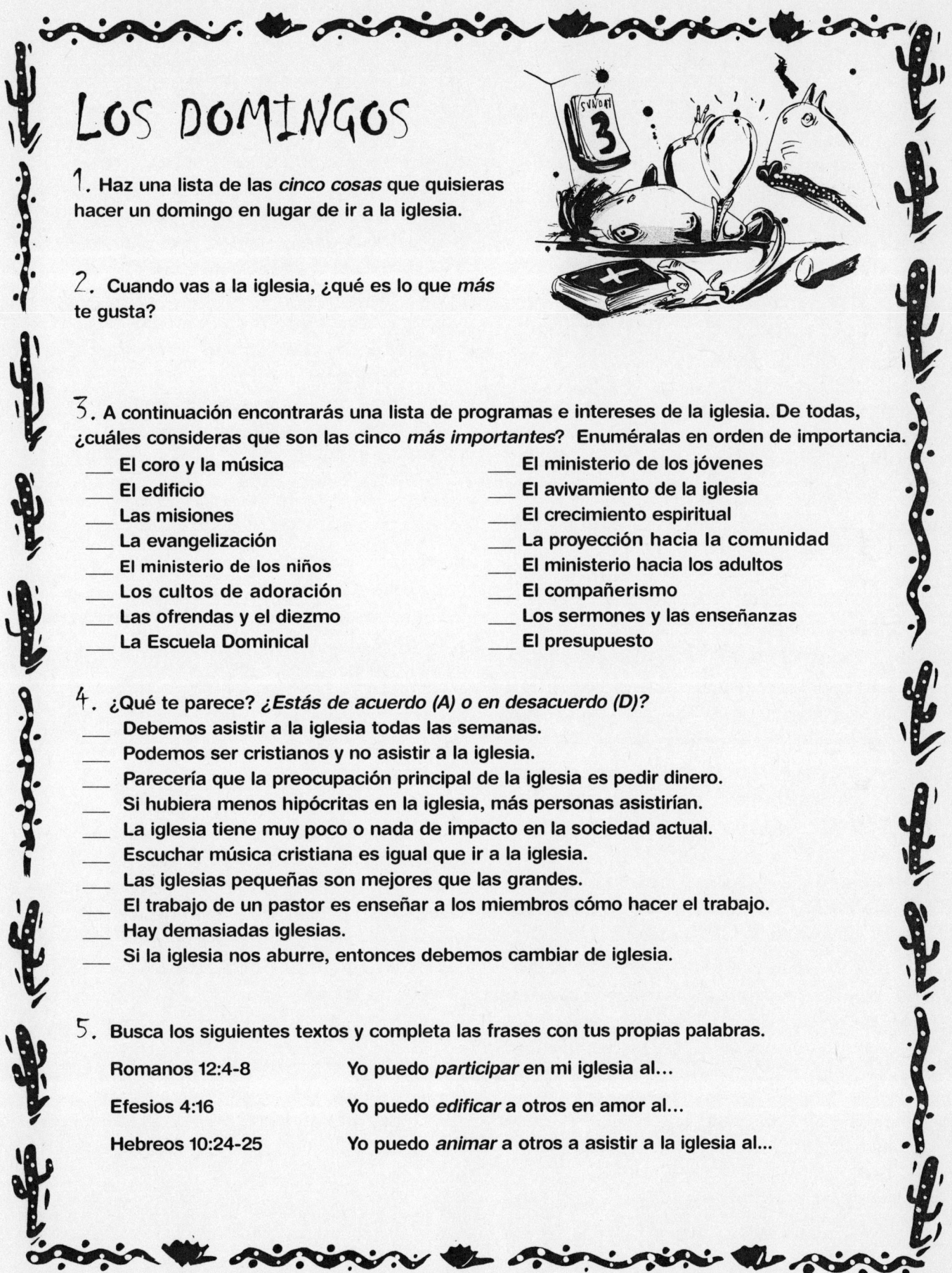

2. Cuando vas a la iglesia, ¿qué es lo que *más* te gusta?

3. A continuación encontrarás una lista de programas e intereses de la iglesia. De todas, ¿cuáles consideras que son las cinco *más importantes*? Enuméralas en orden de importancia.

   ___ El coro y la música
   ___ El edificio
   ___ Las misiones
   ___ La evangelización
   ___ El ministerio de los niños
   ___ Los cultos de adoración
   ___ Las ofrendas y el diezmo
   ___ La Escuela Dominical
   ___ El ministerio de los jóvenes
   ___ El avivamiento de la iglesia
   ___ El crecimiento espiritual
   ___ La proyección hacia la comunidad
   ___ El ministerio hacia los adultos
   ___ El compañerismo
   ___ Los sermones y las enseñanzas
   ___ El presupuesto

4. ¿Qué te parece? ¿Estás de acuerdo (A) o en desacuerdo (D)?
   ___ Debemos asistir a la iglesia todas las semanas.
   ___ Podemos ser cristianos y no asistir a la iglesia.
   ___ Parecería que la preocupación principal de la iglesia es pedir dinero.
   ___ Si hubiera menos hipócritas en la iglesia, más personas asistirían.
   ___ La iglesia tiene muy poco o nada de impacto en la sociedad actual.
   ___ Escuchar música cristiana es igual que ir a la iglesia.
   ___ Las iglesias pequeñas son mejores que las grandes.
   ___ El trabajo de un pastor es enseñar a los miembros cómo hacer el trabajo.
   ___ Hay demasiadas iglesias.
   ___ Si la iglesia nos aburre, entonces debemos cambiar de iglesia.

5. Busca los siguientes textos y completa las frases con tus propias palabras.

   Romanos 12:4-8   Yo puedo *participar* en mi iglesia al...

   Efesios 4:16   Yo puedo *edificar* a otros en amor al...

   Hebreos 10:24-25   Yo puedo *animar* a otros a asistir a la iglesia al...

LOS DOMINGOS [la iglesia]

EL TEMA DE LA SEMANA

¿Por qué es importante asistir a la iglesia? ¿Sentimos que algunos de los jóvenes asisten a la iglesia solo porque los padres los obligan? Esta Conversación dinámica está diseñada para generar un debate acerca de qué es la iglesia, y para animar a los jóvenes a participar.

PARA COMENZAR

Podríamos comenzar pidiéndoles a los miembros del grupo que hicieran una lista de todas las iglesias que conocen. Pueden incluir diferentes denominaciones, religiones o formas de culto. Hay cientos de iglesias, tanto católicas como protestantes. Preguntemos qué es una iglesia. ¿Un edificio? ¿Es un grupo de personas? ¿Puede ser una reunión con unos amigos el domingo por la noche? Luego preguntemos a los miembros del grupo qué es lo que constituye una iglesia. ¿Solamente la alabanza? ¿Qué significa ir a la iglesia? Animémoslos a ser sinceros en sus respuestas. A algunos jóvenes no les gusta mucho asistir. Quizás nos sorprenda la variedad de respuestas.

EL DEBATE, PREGUNTA POR PREGUNTA

1. ¿Cómo respondió el grupo esta pregunta? Hablemos de la importancia de cada actividad en relación con la asistencia a la iglesia.

2. Pidamos a los chicos que hagan una lista de todas las cosas que les gustan de la iglesia (tomemos nota de las respuestas en una pizarra o en una cartulina). Preguntemos si hay cosas que no les gustan y hagamos otra lista, cuidando de que esto no se convierta en una sesión de críticas.

3. ¡Los chicos estarán a cargo en esta oportunidad! ¿Qué pasaría si ellos fueran parte del liderazgo de la iglesia y tuvieran que decidir las prioridades? ¿Qué ministerios cerrarían, cuáles quedarían, y a cuáles les darían mayor énfasis?
Podríamos plantear la siguiente situación: una viuda acaba de morir y ha dejado a la iglesia tres millones de dólares; ¿cómo les sugerirías a los líderes que invirtieran el dinero?

4. Que los jóvenes voten, y llevemos un registro de sus respuestas. Si todos estuvieran de acuerdo en una afirmación, pasemos a la siguiente. Si hay diversidad de opiniones, debatamos las ventajas y las desventajas de cada una.

5. Leamos cada pasaje y demos lugar a que los chicos presenten sus respuestas al resto del grupo.

EL CIERRE

Las siguientes son algunas sugerencias para la conclusión.

- La iglesia es el cuerpo de Cristo y todos somos parte de él. Cristo ya no está presente físicamente en el mundo, pero su cuerpo, la iglesia, sí. Cuando uno acepta a Cristo, se hace parte de ese cuerpo. No existe la posibilidad de ser un cristiano solitario. Los cristianos crecen en comunidad.
- El propósito de la iglesia no es que los miembros lo pasen bien. En la reunión de adoración, la audiencia no es la gente sino Dios. Los cristianos venimos a adorarlo y a acercarnos más a él. Esto requiere que tengamos un poco más de compromiso.
- Los jóvenes no son la iglesia de mañana. ¡Son la iglesia de hoy! Los jóvenes saben que son una parte vital e importante de la iglesia. Animémoslos a que participen.

UN POCO MÁS

- Queremos ver cuánto saben los jóvenes acerca de su iglesia? Hagamos un pequeño cuestionario de este tipo:
  ⇒ Escribe el nombre de un misionero que nuestra iglesia sostenga y señala en qué país está trabajando.
  ⇒ ¿Cuál es el segundo nombre de nuestro pastor?
  ⇒ ¿Cómo se llama el boletín de la iglesia?
  ⇒ Haz una breve síntesis de 25 palabras del sermón del último domingo (o de esta mañana).
  ⇒ ¿En qué año se fundó esta iglesia?
  ⇒ ¿Qué familia ha sido miembro de ella por más tiempo?
- Algunos de los jóvenes quizás nunca hayan asistido a una iglesia de otra denominación o religión. Si lo consideramos apropiado, programemos ir juntos a la reunión de otra iglesia. Visitemos una iglesia de otra denominación que conozcamos. ¿En qué se diferencia su programa del nuestro? ¿Fue positiva la visita? ¿Qué les gustó y qué no? ¿Qué aprendieron de esta experiencia y de cómo ve Dios a las diferentes denominaciones y los distintos estilos de adoración?

¿TIENES EL ESPÍRITU?

1. ¿Qué es lo primero que viene a tu mente cuando oyes a alguien hablar acerca del *Espíritu Santo*?

2. ¿Cómo le explicarías a un amigo qué es el *Espíritu Santo*?

3. *Marca* las cosas que crees que el Espíritu Santo puede hacer por ti.
   - ❏ Darme poder para vivir una vida cristiana íntegra
   - ❏ Ayudarme con el estudio
   - ❏ Enseñarme y hacerme madurar como cristiano
   - ❏ Darme dones espirituales
   - ❏ Hacerme mejor que otros
   - ❏ Convencerme de pecado
   - ❏ Vivir dentro de mí
   - ❏ Darme paz y consuelo
   - ❏ Ayudarme a tomar decisiones correctas
   - ❏ Llevarse mis problemas
   - ❏ Impedir que me sucedan cosas malas
   - ❏ Ser mi conciencia
   - ❏ Darme amor por la gente que no me cae bie
   - ❏ Darme esperanza
   - ❏ Hacerme sentir bien por dentro
   - ❏ Otras

4. En el capítulo 2 del libro de Hechos, el Espíritu Santo descendió sobre los discípulos en el día de Pentecostés y se manifestó de modo visible. ¿Cómo crees que el Espíritu Santo se manifiesta hoy?

5. Lee estos versículos y luego responde las preguntas.

Gálatas 5:22-26	¿Cuál de los frutos del Espíritu *necesito más*?
Juan 14:17	¿Cómo puedo saber *qué* es el Espíritu Santo?
Romanos 8:26	¿Cómo *me ayuda* el Espíritu Santo en la oración?
Hechos 2:2	¿*De dónde* viene el Espíritu Santo?

¿TIENES EL ESPÍRITU? [el Espíritu Santo]

EL TEMA DE LA SEMANA

Algunos jóvenes se relacionan bastante con Dios Padre y Dios Hijo. Pero, ¿qué del Espíritu Santo? Es difícil entender que Dios pueda ser tres personas diferentes siendo solo uno. Esta Conversación dinámica nos brinda la oportunidad de debatir acerca del rol que juega el Espíritu Santo en la vida de un cristiano.

PARA COMENZAR

El Espíritu Santo tiene todo el poder para hacer que los jóvenes vivan la vida cristiana. Para ilustrar este punto e introducir la sesión, vaciaremos un tubo de crema de afeitar sobre una mesa, frente al grupo. ¡Miren todo lo que puede contener un pequeño tubo! Algo similar ocurre cuando el Espíritu Santo vive en nosotros. Como cristianos, tenemos el poder de Dios dentro, esperando que le demos libertad.

Para ir un poco más allá, les preguntaremos cómo se puede conocer al Espíritu Santo. ¿Cómo manifiesta Dios al Espíritu en sus vidas diarias? ¿Pueden sentirlo? ¿Verlo? ¿Qué diferencia al Espíritu Santo de Jesús y de Dios?

EL DEBATE, PREGUNTA POR PREGUNTA

1. En una pizarra o en una hoja de cartulina, escribamos todo lo que el grupo diga. ¿Por qué escogieron esas palabras o frases?
2. ¿Cómo explicarían los jóvenes qué es el Espíritu Santo? Tratemos de llegar a una definición grupal que incluya el hecho de que el Espíritu Santo es real y tan importante como el Padre y el Hijo. Se puede consultar la declaración doctrinal de la iglesia o leer los siguientes pasajes bíblicos: Juan 14:15-31, Romanos 8:1-17, 1 Corintios 2:6-16.
3. Invitemos al grupo a mencionar lo que han elegido. Todas las que figuran en la lista son cosas que el Espíritu Santo puede hacer. Sugerimos poner el énfasis en lo que dice la Biblia: el Espíritu Santo consuela (Juan 14:14-16); convence de pecado (Juan 16:8-11); enseña y guía (Juan 16:13); intercede por nosotros (Romanos 8:26); da dones espirituales (1 Corintios 12:7); conduce (Gálatas 5:18). De ser posible, aprovechemos esta oportunidad para mencionar experiencias del obrar del Espíritu Santo en las vidas. Pidamos a algunos de los jóvenes que cuenten sus testimonios.
4. Leamos Hechos 2:1-4, y pidamos al grupo que debata al respecto. Otras citas bíblicas a considerar son Hechos 4:8; 6:3-5; 9:17; 11:24; 13:9,52; 1 Corintios 12:13; o Efesios 5:18.
5. ¿Qué dicen estos pasajes sobre el Espíritu Santo? ¿Esto llevó a la gente a cambiar de opinión? ¿Por qué? Quizás sea bueno pedir que algunos voluntarios menciones sus respuestas.

EL CIERRE

El Espíritu Santo desempeña un papel fundamental en la vida de los cristianos. Nos anima, nos fortalece, y nos llena de frutos: amor, paciencia, bondad, mansedumbre, y otros. ¿Cuáles de esos frutos les hacen falta en su vida a los jóvenes del grupo?

Animémoslos a pedir a Dios que tome el control de sus vidas y los llene con su Espíritu. Que sepan que cuanto más busquen a Dios, más espacio le darán al Espíritu para obrar en sus vidas. ¿Qué podemos hacer para acercarnos más a Dios y ser llenos de su Espíritu?

UN POCO MÁS

- ¿Cuáles son las tres principales dudas que el grupo tiene acerca del Espíritu Santo? Quizá podamos darles la oportunidad de que hagan preguntas e invitar a un pastor para responderlas y ministrar. También podemos dividirlos en grupos más pequeños para que averigüen qué es el Espíritu Santo. Pueden preguntarle a sus padres, maestros, pastores, hermanos; buscar en la Biblia o en Internet, y traer la información para la siguiente reunión.
- Sugirámosles que profundicen en la Biblia. Dividamos al grupo en tres, para que cada uno busque versículos que describan a las personas de la Trinidad: Dios, Jesús, y el Espíritu Santo. Comparemos las respuestas ¿Cómo describe la Biblia a cada una? ¿Las tres personas son iguales? ¿Qué diferencias encontramos? ¿Alguna tiene más poder que las demás?

DEMASIADO ESTRÉS

1. ¿Cómo terminarías esta frase? Yo pienso que el estrés es...
   - ❏ normal y saludable
   - ❏ algo que uno debe evitar
   - ❏ inevitable y tiene que ver con el ser humano
   - ❏ otros:

2. *Señala* cuáles de estas situaciones te producen estrés, y luego ordénalas según la frecuencia con la que tienes que enfrentarlas.

   1—las enfrento siempre. *2—las enfrento a veces.* *3—nunca las enfrento.*

   ___ Regresar a casa después de la hora indicada por mis padres
   ___ Romper con mi novio/a
   ___ Perder a mi mejor amigo/a
   ___ Estudiar hasta muy tarde para un examen
   ___ Mentirle a mis padres y que me descubran
   ___ Desaprobar un examen
   ___ Enterarme de que mis padres se van a divorciar
   ___ Tener que ceder por la presión del grupo
   ___ Presentarme a una entrevista de trabajo
   ___ Rendir el examen de conducir
   ___ Sacar malas notas
   ___ Escuchar a mis padres pelear
   ___ Que el profesor me llame al frente y no haber estudiado
   ___ Hacer algo que sé que es malo
   ___ Que se muera mi mascota
   ___ Que me presionen para tener relaciones sexuales
   ___ Que me presionen para salir con alguien
   ___ Ser víctima de burlas y violencia en la escuela
   ___ La primera cita
   ___ Pelear con mis hermanos
   ___ Que la policía me lleve detenido
   ___ No tener dinero
   ___ Mudarme a otra ciudad o a otro país
   ___ Tener un corte de pelo horrible
   ___ Pelear con mis padres
   ___ Otros:

3. Eduardo no ha tenido mucha suerte en los exámenes. Sabe que le fue mal porque estuvo muy ocupado con su trabajo y con los entrenamientos de fútbol. Ahora, su consejero en la escuela le advierte que si sus calificaciones no mejoran, perderá la oportunidad de tener una beca universitaria y posiblemente ni siquiera lo admitan. ¿Qué harías tú en su lugar?

4. Escoge uno de los siguientes pasajes bíblicos, y transcríbelo en tus propias palabras.
   - Salmos 55:22
   - Mateo 6:33,34
   - 1 Pedro 5:7
   - Proverbios 3:5,6
   - Filipenses 4:6,7

DEMASIADO ESTRÉS [el estrés]

EL TEMA DE LA SEMANA

El estrés ya no es solo un problema de los adultos. Desafortunadamente, hoy los jóvenes viven más estresados que antes. La mayoría de los factores que los tensionan están relacionados con exigencias de los padres, los compañeros, los maestros y la iglesia. Los medios de comunicación les dicen una cosa, mientras que sus padres y la iglesia les dicen otra. Ellos deben hallar un equilibrio entre las demandas del estudio, la familia, y las ganas de practicar deportes, salir con sus amigos y divertirse, todo al mismo tiempo. Esta Conversación dinámica le permitirá al grupo discutir sobre cómo puede un cristiano enfrentar el estrés.

PARA COMENZAR

Le pediremos al grupo que haga una lista de las cosas que hoy estresan a los jóvenes. ¿De dónde proviene esa presión? Haremos esta lista en una pizarra o en una cartulina. ¿Cómo manejan los jóvenes estos factores de estrés? ¿Cuál es la forma sana de enfrentar el estrés y cuál no? ¿Luchar contra el estrés resulta en más estrés?

EL DEBATE, PREGUNTA POR PREGUNTA

1. Permitamos que el grupo comparta los diferentes puntos de vista. Hagámosles notar que quizás más de una respuesta sea cierta. A veces el estrés es normal y saludable. Es una señal interna que advierte que hay un problema que necesita ser resuelto. Pero, a pesar de esto, hay momentos en que debemos evitarlo. Todos necesitamos poder pasar un tiempo sin presiones. Y algunos lo necesitan más que otros.

2. ¿Cómo se sienten los jóvenes del grupo cuando deben enfrentar presiones? ¿Cómo manejan cada situación? No es necesario que todos den sus respuestas.

3. Utilicemos este planteo para causar tensión y provocar un debate acerca de la administración del tiempo. ¿Es necesario caer en ciertos extremos a los que algunos llegan para luchar contra el estrés? ¿Qué piensan los jóvenes del grupo sobre eso?

4. Dividamos a los jóvenes en grupos pequeños, y pidámosles que interpreten uno de los versículos relacionados con el estrés. Animémoslos a ser creativos en sus interpretaciones, y a concentrarse específicamente en los problemas de la juventud.

EL CIERRE

El estrés es normal, pero demasiado estrés sin resolver puede desgastar a la gente física y mentalmente. El estrés enferma a las personas, causa frustración y depresión.
Debemos asegurarnos de que los jóvenes entiendan que es importante dejar de lado el estrés, las preocupaciones y las presiones. Si se encuentran abrumados, al punto de sentirse deprimidos o enfermos, tienen que sincerarse. Podemos proponerles que busquen un adulto de confianza con quien hablar, para descargar las presiones. Pueden hacernos a nosotros preguntas acerca del estrés que experimentan. Quizás alguno se sienta presionado porque uno de sus padres siempre está enojado o cansado y se descarga con él. Que todos encuentren el espacio para ser francos y recibir apoyo de los demás. Hay otras formas de manejar el estrés: hacer ejercicio, escribir un diario íntimo, escuchar música, o leer un libro. Es bueno hacer algo constructivo para aliviar el estrés y poner la mente en otra cosa: tomar un descanso del tiempo de estudio, caminar con el perro, ofrecerse para lavar los platos, o relajarse en el sillón. El estrés puede ser bueno, ¡pero no dejemos que nos convierta en perezosos! No uses el estrés como excusa para escapar de las obligaciones. Animemos a los jóvenes a pedirle a Dios paciencia y paz cuando se sientan cansados. La oración es la mejor manera de buscar a Dios y dejar las cosas en sus manos.

UN POCO MÁS

- ¿Cómo enfrenta cada uno su propio estrés? Quizás algunos de los jóvenes del grupo sean víctimas de abusos por parte de sus padres o hermanos. El enojo o el cansancio nunca son excusas para golpear o maltratar a otros. Si alguno de los chicos enfrenta una situación de abuso, o sabe de algún amigo, debe buscar algún adulto de confianza con quien sincerarse. El abuso sexual es un delito que condena la ley y debe ser denunciado.
- Podemos planificar una actividad contra el estrés. Tiene que ser algo divertido y que sorprenda, desde llevarles un postre, una película, u organizar un viaje a la playa. Asegurémonos de que todos se sientan bienvenidos e incluidos.
- Cuando alguien padece estrés, necesita que le den ánimo. Propongámosles a los jóvenes que animen a tres personas estresadas durante la semana: algunos amigos, familiares o maestros. Pueden enviar una carta o un correo electrónico mencionando lo que aprecian de ellos. O podemos distribuir los nombres de los miembros del grupo para que cada uno pueda orar por otro esa semana.

MIRAR HACIA ARRIBA

1. Marca con un *círculo* las tres palabras que mejor describan el momento de la adoración en tu iglesia.

   Reverente
   Emocionante
   Entretenido
   Inspirador
   Muy largo
   Reflexivo
   Amigable
   Aburrido

   Interesante
   Formal
   Relajado
   Evangelístico
   Misterioso
   Motivador
   Vergonzoso
   Educativo
   Interactivo

2. ¿Cuál crees que es la *parte más importante* de la adoración?

3. Si pudieras cambiar una cosa de esa parte del culto, ¿cuál sería?

4. ¿Qué te parece? Estás *de acuerdo (A), en desacuerdo (D) o no sabes (N)*
   ___ La adoración tiene más valor cuando se hace en una reunión de la iglesia.
   ___ La adoración me acerca a Dios.
   ___ La adoración en las reuniones de jóvenes debería ser diferente.
   ___ El momento de la adoración es para alabar a Dios.
   ___ Adorar es tan importante como orar y leer la Biblia.
   ___ La reunión de adoración se vuelve aburrida cuando el pastor predica.
   ___ Las reuniones de adoración son especiales, deberías vestirte bien para esa ocasión.
   ___ La adoración debería ser más entretenida.
   ___ La música de adoración en nuestras reuniones es realmente buena.
   ___ El momento de la adoración durante el culto me da la energía que necesito para vivir toda la semana como cristiano.

5. Lee uno de los siguientes pasajes, y escribe lo que piensas que dice acerca de la adoración a Dios en la iglesia.

   2 Reyes 21:19-22   1 Crónicas 16:23-33

   Juan 4:20-24   Apocalipsis 4:8-11

MIRAR HACIA ARRIBA [la adoración]

El tema de la semana

Algunos jóvenes no comprenden la importancia y el significado de la adoración. Algunos piensan que es una reunión aburrida a la que los padres obligan a ir. Otros no creen que tenga nada que ver con ellos. Esta *Conversación dinámica* provee la oportunidad de debatir acerca del momento de la adoración y de animar al grupo de jóvenes a tomarlo con seriedad.

Para comenzar

Quizás nos parezca bien comenzar con una dramatización como esta:
Ana suele oír a varios chicos de su escuela hablar sobre las reuniones de adoración. Ella no es cristiana y no comprende de qué hablan, o por qué tienen tanto interés. Así que finalmente le pregunta a uno de ellos de qué se trata y por qué asisten a cultos de adoración. ¿Cómo responderían los jóvenes del grupo las siguientes preguntas?

- ¿Por qué van a la iglesia?
- ¿Qué es lo bueno (o qué es lo malo) de asistir?
- ¿Ir a la iglesia significa ser cristiano?
- ¿La invitarían a ir con ellos a la iglesia?
- ¿Alguna vez les pasó esto en la escuela?

El debate, pregunta por pregunta

1. Pidamos a cada joven que explique por qué escogió esas palabras. No juzguemos sus respuestas, ni a aquellos que hagan comentarios negativos. Todos podemos tener diferentes opiniones.
2. Hagamos una lista de todos los ingredientes de un servicio de oración y preguntemos a los chicos cuál creen que es el más importante (puede ser útil repartir copias del boletín de la iglesia para su referencia). Discutamos la razón de ser de cada etapa de una reunión de adoración.
3. ¿Qué parte de la reunión no les gusta a los jóvenes? Que vean que algunas partes no son divertidas, pero eso no significa que no tengan sentido o que no sirvan para nada. Animémoslos a que les hagan llegar sus comentarios o sugerencias al pastor o a la persona encargada de la adoración.
4. Este ejercicio se enfoca en los diferentes aspectos de la adoración y del servicio en sí. Permitamos que debatan sobre las afirmaciones más controvertidas. Quizás quieras agregar que existen muchas formas de adorar a Dios. Por ejemplo, se le puede adorar, obedeciéndolo. Claro que eso no significa que no haga falta ir a la iglesia.
5. ¿Qué puntos de vista han descubierto al leer estos versículos bíblicos?

El cierre

¿Cuál es la perspectiva de los jóvenes del grupo en cuanto a la adoración? ¿Por qué resulta tan importante la adoración? Evaluemos estas ideas:

- Adorar es un verbo, no un sustantivo. No vamos a una reunión de adoración para divertirnos. Vamos para hacer algo: adorar a Dios. La reunión es una excelente oportunidad para hacerlo.
- El culto de adoración reúne a todos los miembros de la iglesia, tanto jóvenes como adultos, porque es importante. La iglesia es la gente, la comunidad de Dios, y es importante para la iglesia tener esta experiencia común. La adoración corporativa (adorar con otros) nos ayuda a tomar conciencia de que somos el cuerpo de Cristo y que nos necesitamos los unos a los otros.
- La adoración es para Dios, no para nosotros. La pregunta que debemos hacernos después de una reunión no es: "¿Me gustó?" sino: "¿Le gustó a Dios?" o "¿Hice lo mejor para él?"

Un poco más

- ¡Participemos! Podemos planificar una reunión de adoración con el grupo de jóvenes. Dejemos que ellos escojan el tema, seleccionen las canciones, o planifiquen y presenten una dramatización. Les daremos libertad para ser creativos e innovadores. Si fuera necesario, que se reúnan con el pastor o con el líder de alabanza para recibir instrucciones.
- Animemos a los jóvenes a participar de las diferentes etapas del culto: en la lectura bíblica, como ujieres, recogiendo la ofrenda, como anfitriones. ¡Ellos son una parte valiosa de la iglesia! Quizás necesitemos hablar primero con el comité de planificación para que autoricen a los jóvenes a participar en los distintos ministerios.
- Existen muchas actividades y retiros de alabanza y adoración para jóvenes de todas las edades. Uno de ellos es DCLA -Juventud Para Cristo / Youth For Christ (www.yfc.org). Estos eventos masivos les dan a los jóvenes la oportunidad de aprender y adorar con otros chicos de la misma edad. Generalmente se invitan a artistas cristianos de renombre y a conferencistas que hablan sobre la alabanza y la adoración. Podemos encontrar más información sobre estos eventos en www.youthspecialties.com.

ES TU DECISIÓN

1. Anota *tres grandes decisiones* que deberás tomar en el futuro y que van a *cambiar tu vida* ¿Cuándo tendrás que tomarlas?

2. ¿Qué decisión es más difícil de tomar? Ordénalas de *1 (la más fácil)* a *15 (la más difícil)*

   ___ Hacer la tarea de la escuela o ir al centro comercial
   ___ Qué película mirar
   ___ Qué hacer en tu tiempo libre
   ___ Qué tipo de música escuchar
   ___ Cómo tratar a tus padres cuando estás en problemas
   ___ Qué mensaje quieres transmitir con tu forma de vestir
   ___ Con qué frecuencia hacer el devocional personal
   ___ Qué hacer los viernes y sábados por la noche
   ___ Con quién salir
   ___ En qué gastar tu dinero
   ___ Qué sitios de Internet visitar
   ___ Dónde trazar el límite de la intimidad física
   ___ Qué hacer después de la secundaria y en el futuro
   ___ Con quién salir para pasar el rato
   ___ Cómo tratar a los demás

3. ¿Cómo contestarías esto? *S (sí), N (no), o A (a veces)*
   ___ ¿Tienes dificultades para decidirte por algo?
   ___ ¿Sientes que tienes demasiadas opciones en la vida?
   ___ ¿Consideras las consecuencias de tus decisiones antes de tomarlas?
   ___ ¿Con frecuencia cambias de opinión una vez que ya has tomado una decisión?

4. ¿Qué es lo que haces o a quién consultas cuando necesitas tomar una decisión?

5. ¿Qué dicen los siguientes versículos de la Biblia sobre la *toma de decisiones*?
   Proverbios 3:5-6

   Mateo 6:33

   1 Pedro 5:8

ES TU DECISIÓN [toma de decisiones]

EL TEMA DE LA SEMANA

Los jóvenes hoy se enfrenta con un gran dilema: tienen que tomar decisiones, pero cuentan con muy poca experiencia en eso. Necesitan ejercitarse para hacerlo desde una perspectiva cristiana. Esta Conversación dinámica les dará una oportunidad de aprender a tomar decisiones como cristianos.

PARA COMENZAR

Empezaremos por envolver en papel de regalo un objeto de valor (como un vale para un regalo o un billete), algo desechable (como un vaso plástico o algo feo o extraño), y un paquete vacío. Anunciemos que entre estos regalos hay uno que a ellos les gustaría recibir, otro que contiene algo sin valor y un tercero que no tiene nada adentro. Dividámoslos en grupos y que juntos decidan cuál regalo escoger. No pueden tocar los regalos antes de elegir. Una vez que hayan decidido qué regalo van a querer, deben decidir qué grupo elige primero. Puede ser por sorteo, sacando palillos o tirando la moneda.

Probablemente notemos desacuerdos dentro de cada uno de los grupos, pero tienen que llegar a una decisión. Luego de que han tomado los paquetes, digamos algo como: "Ya que les ha sido difícil elegir el regalo que querían recibir, es un buen momento para hablar de la toma de decisiones".

EL DEBATE, PREGUNTA POR PREGUNTA

1. Preguntémosles qué decisión importante creen que tendrán que tomar en el futuro. ¿Qué tienen en común las decisiones de la mayoría?
2. Hablemos de todas las decisiones, las más difíciles y las más fáciles. ¿Por qué unas son más difíciles de tomar que otras? Pidámosles que aporten las respuestas de su lista.
3. Los jóvenes casi nunca piensan en las consecuencias de sus decisiones. Plantearemos una situación hipotética. Por ejemplo que alguien les ofrezca droga durante una fiesta. ¿La aceptarían o no? Organizaremos una lluvia de ideas sobre las consecuencias. ¿Vale la pena? Hay decisiones que tomamos de un modo impulsivo y que no son necesariamente dañinas. Pero, preguntarnos "¿y después qué?" puede ayudarnos a evaluar si nos conviene o no.
4. ¿A quién acuden los jóvenes del grupo para pedir consejo a la hora de tomar una decisión? Hagamos una lista de sus sugerencias, y discutamos maneras prácticas de tomar decisiones: (1) analizar los hechos, (2) tomar en cuenta todas las alternativas, (3) buscar un buen consejo, (4) orar y (5) elegir la mejor opción.
5. Intentemos relacionar estos versículos bíblicos con situaciones prácticas. Los animaremos a que busquen la perspectiva de Jesús cuando deban tomar una decisión.

EL CIERRE

Las grandes decisiones son, en realidad, la suma de pequeñas decisiones. La elección de hoy será el fundamento del futuro. Los animaremos a que empiecen a tomar decisiones sabias en cosas pequeñas, para que no les resulte tan difícil tomar decisiones importantes.

El sabio busca el buen consejo y piensa en las consecuencias de sus decisiones. ¿Cómo va a afectar esto a quienes me rodean? ¿Y mi propia vida? Todos en algún momento tomamos decisiones equivocadas. Es normal y nos sirve para aprender de los errores. La mayoría de las veces se nos presentan solo dos opciones: una buena y una mala. Y frente a ciertas circunstancias es difícil saber qué hacer o qué elección es la correcta. Animemos a los jóvenes a presentar ante Dios sus decisiones y a buscar su sabiduría. Él los guiará a hacer lo correcto y a convertirse en hombres y en mujeres de decisión.

Destaquemos que Dios perdona y no toma en cuenta nuestras malas elecciones del pasado cuando nos arrepentimos. Esa es la parte más maravillosa de la gracia y la misericordia de Dios. Si llevamos nuestras cargas delante de Dios, él es justo y fiel para perdonarnos y quitar de nosotros la culpa y la frustración.

UN POCO MÁS

- Muchas veces los jóvenes recurren al consejo de los mayores pero no toman en cuenta que ellos, o sus padres, tuvieron que enfrentar las mismas situaciones. Tal vez podríamos invitar a varios adultos a la reunión del grupo de jóvenes, algunos universitarios o profesionales. Les presentaremos la lista de situaciones de la parte anterior y que cada uno señale qué decisión hubiera tomado. A los jóvenes les daremos la posibilidad de hacerles preguntas. Usaremos este tiempo para construir el respeto por las opiniones de los otros.
- ¿Cómo toman sus decisiones los jóvenes no cristianos? ¿Y los adultos? Algunos acuden al horóscopo, otros a foros de Internet, o a columnas de consejos de revistas o a programas de televisión de ayuda telefónica. ¿Qué otras opciones hay? ¿Cómo quiere Dios que tomemos nuestras decisiones? ¿Cómo pueden hacer los jóvenes del grupo para tomar decisiones de acuerdo con la voluntad de Dios, aun cuando no puedan oír su voz?

GUÍA DEL LÍDER

ADICTO

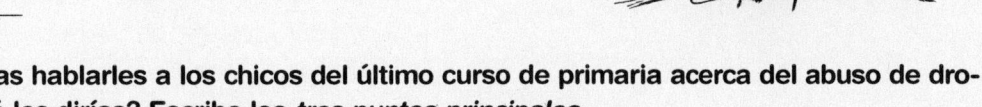

1. ¿Qué *drogas* se consumen en tu secundaria?

2. ¿Qué porcentaje de los chicos de tu escuela crees que consumen regularmente drogas? Marca tu respuesta con *un círculo*.
   10%   25%
   50%   75%
   Otro:_____

3. Si pudieras hablarles a los chicos del último curso de primaria acerca del abuso de drogas, ¿qué les dirías? Escribe los *tres puntos principales*.

4. ¿Qué piensas acerca de lo siguiente? Estás *de acuerdo (A), en desacuerdo (D)* o *no sabes (N)*
   ___ El peligro de probar la droga es mayor que el beneficio de haber experimentado.
   ___ Las drogas pueden tener una influencia positiva en la vida de una persona.
   ___ Si un amigo mío me ofrece drogas, terminaría la relación con él.
   ___ Consumir drogas de vez en cuando no es dañino para un joven.
   ___ Beber alcohol es igual de malo que consumir drogas.
   ___ Los padres deberían hablar más con sus hijos adolescentes sobre las adicciones.
   ___ Deberían legalizarse las drogas que se venden en la calle.

5. Tomás ha notado un cambio en su amigo Andrés: pasa mucho tiempo solo y siempre está cansado. Ha estado yendo a fiestas los fines de semana y ha fumado marihuana. Ayer se quejó porque había reprobado dos materias. No ha estudiando nada y dice que es porque no logra concentrarse. Tomás piensa que el habito de Andrés de consumir droga ha llegado demasiado lejos.

   ¿Qué crees que debería decirle a Andrés?

   ¿Cómo manejarías tú esta situación?

   ¿Crees que Tomás pone en riesgo su amistad con Andrés al buscar ayuda?

6. Lee los siguientes versículos. ¿Cómo los relacionarías con el abuso de drogas?
   Romanos 12:1-2   1 Corintios 10:31
   1 Corintios 3:16-17   1 Corintios 10:13

ADICTO [adicción a las drogas]

El tema de la semana

Hoy, la droga está por todas partes, desde los consultorios médicos hasta las calles de nuestra ciudad. Los jóvenes son presionados a acercarse a la droga. Lo más probable es que la mayoría sepa dónde comprar droga y cómo usarla. Pero casi nunca se habla de las drogas en el ambiente cristiano. Esta Conversación dinámica desencadenará una discusión abierta sobre las drogas, y sobre cómo manejar los riesgos y las consecuencias.

Para comenzar

Al comenzar, recordemos que tal vez algunos de los jóvenes del grupo consuman drogas, las hayan probado o tengan familiares o amigos que las usan. Debemos mostrar sensibilidad y tener cuidado de que no se sientan juzgados por el grupo.

En una pizarra o una cartulina grande, hagamos una lista de todas las diferentes drogas que los jóvenes del grupo conocen; probablemente nombren unas cuantas que nosotros no conocemos. Tengamos una lista adicional ya preparada. Podemos buscar información en Internet, en algunas de las siguientes páginas: www.nida.nih.gov/NIDAHome1.html, o www.arf.org/isd/info.html, o www.health.org/pubs/qdocs/

Drogas son todas aquellas sustancias que alteran las funciones del cuerpo y la mente, incluidos la cafeína y los pegamentos. Pidamos a los jóvenes del grupo que levanten la mano todos aquellos que hayan estado expuestos, de una u otra forma, a estas drogas. ¿Y sus amigos? ¿Conocen personas que usen o hayan usado drogas?

El debate, pregunta por pregunta

1. Escribamos todas las razones que el grupo mencione. Escojamos las tres o cuatro que más se repiten.
2. El objetivo de esta actividad no es descubrir quiénes consumen drogas, así que no permitiremos que se mencionen nombres. La idea es saber hasta dónde ha llegado la droga en su colegio. Podemos hacerles esta pregunta: "¿Resulta fácil conseguir drogas en tu secundaria?"
3. ¿Qué información transmitirían ellos sobre el consumo de drogas? Tal vez podamos ayudarlos a formular lo que le dirían a un grupo de primaria.
4. Les pediremos que levanten la mano todos aquellos que estén de acuerdo con la última declaración. ¿Cuántos de ellos han hablado con sus padres sobre las drogas? Tal vez debamos programar la dramatización de algunas conversaciones entre padres e hijos adolescentes para que les resulte luego más fácil hablar con ellos.
5. Usaremos esta historia para hablar sobre la presión que ejerce el grupo para llevar a los chicos a consumir drogas. Les pediremos que describan situaciones en las que ellos se hayan visto presionados a probar droga.
6. Explicaremos que la Biblia no dice específicamente: "No usarás drogas". Pero lo que sí hace es dar principios que nos ayudan a tomar decisiones sobre las cosas que pueden dañar nuestro cuerpo, como las drogas. Leamos estos pasajes y que algunos jóvenes del grupo los interpreten en relación con el uso de drogas.

El cierre

Muchos jóvenes creen que pasarlo bien es sinónimo de drogas y alcohol. Pongamos énfasis en que no hay nada de positivo en tener un daño cerebral o distintas enfermedades. Tampoco en morirse a causa del abuso de drogas. No es solo ilegal sino también letal.

Informémosles que todas las drogas son dañinas y peligrosas, aun las baratas y accesibles, como el pegamento, el solvente y otros productos químicos que los adolescentes usan para "hacer un viaje".

Podemos preguntarles a los chicos por qué creen que la gente consume drogas. Destaquemos algunos factores, como que sus vidas están vacías y que sienten que los estupefacientes hacen que oliden sus problemas.

Los cristianos sabemos que la felicidad y la paz solo son posibles de alcanzar a través de Cristo. ¿Por qué muchos no respetan el mandamiento de cuidar sus cuerpos? ¿Consumir drogas es pecado?

Si hay jóvenes en el grupo que tienen problemas con la droga, o si conocen a alguien que los tenga y quieren hacer más preguntas, los animaremos a que hablen con un consejero de su escuela, con los padres, con los maestros, o con nosotros. Las drogas generan adicción y el que las consume, cada vez necesita más de ellas. Cuanto más pronto pida ayuda, más fácil le resultará dejarlas.

Un poco más

- ¿Los jóvenes del grupo están familiarizados con la jerga de la drogas? Pidámosles que mencionen términos relacionados con el consumo de estupefacientes. Plantearemos el debate acerca de por qué tantos de esos términos se han incorporado al vocabulario de los jóvenes, aun cuando no hablen de la droga directamente.
- ¿Cuánto saben sobre drogas? ¿Conocen las diferentes clases, los nombres, y sus efectos? Podríamos formar grupos y pedirles que investiguen acerca de los tipos de drogas que circulan en estos días. Deberán averiguar el nombre que se les da a cada una en la calle y qué efectos produce, tanto en el cuerpo como en la conducta. Tal vez podamos invitar a un médico o a un experto en drogas al encuentro, para que nos dé información actualizada y precisa sobre los efectos del consumo.

GOZA LA VIDA

1. ¿Cómo completarías esta frase? "En mi opinión, divertirse es..."

2. ¿Y esta? "Yo me divertiría más si fuera ..."(nombrar a una persona)

3. ¿Qué te parece? ¿Estás *de acuerdo (A)* o *en desacuerdo (D)*?
   ___ Es divertido ser cristiano.
   ___ Mi vida es aburrida.
   ___ Los cristianos se divierten de manera distinta que los demás.
   ___ Yo necesito más emoción en mi vida porque soy cristiano.
   ___ Cuando me divierto, a veces no pienso en las consecuencias.
   ___ Cristo se divirtió cuando estaba en la tierra, así que yo también puedo.
   ___ Los jóvenes cristianos en realidad no se divierten, solo creen que lo hacen.
   ___ La mayoría de las cosas divertidas son pecado.

4. Reordena las siguientes actividades comenzando de la *más divertida (1)* a la *más aburrida (14)*

   ___ Dormir
   ___ Comer
   ___ Ir a fiestas
   ___ Probar un nuevo pasatiempo
   ___ Ir de vacaciones
   ___ Tener una cita
   ___ Navegar por Internet
   ___ Mirar televisión
   ___ Practicar deportes
   ___ Ir a la escuela
   ___ Usar los videojuegos
   ___ Trabajar
   ___ Estar con amigos
   ___ Estar en el grupo de jóvenes

5. Lee los siguientes versículos. ¿Qué dicen acerca de pasarlo bien?
   Deuteronomio 12:7   Juan 10:10   Efesios 5:15-16
   Eclesiastés 2:24-25   Marcos 8:36

GOZA LA VIDA [la diversión]

EL TEMA DE LA SEMANA

Muchos jóvenes no saben cómo divertirse. Enfrentan tantas presiones propias de adultos, que muchas veces no tienen tiempo para hacerlo. Otros, en cambio, todo lo que buscan es pasarlo bien. Algunos incluso confunden la diversión con el consumo de drogas o alcohol. Si un chico es espontáneo y hace algo loco, en seguida todos piensan que está drogado o borracho. Los jóvenes necesitan descubrir que pueden divertirse de forma sana y creativa. Esta Conversación dinámica nos ayudará a plantear el tema de la diversión.

PARA COMENZAR

¡Esta es una buena oportunidad para plantear un debate divertido! Elijamos algunas actividades para integrar a todo el grupo. Hay muchos juegos de mesa muy interactivos. También podríamos pedirles a algunos de los jóvenes que trajeran su música o sus videos favoritos (asegurémonos de verlos y escucharlos antes de que sean presentados ante todo el grupo). O, con la colaboración de los padres, podemos organizar una comida divertida, como preparar pizza, galletas, o postres. También puede ser una actividad, como un *rally*, que no podríamos llevar a cabo en una reunión.

EL DEBATE, PREGUNTA POR PREGUNTA

1. Haremos una lista con todas las definiciones que puedan dar sobre qué es divertirse. Valen tanto las respuestas negativas como las positivas. ¿Por qué han elegido esos términos? Pondremos la lista en un lugar visible, por si después queremos hacer alguna referencia.
2. Pidamos a los jóvenes del grupo que expliquen por qué escogieron a la persona que nombraron. No pidas datos específicos, pero preguntémosles por qué quisieran ser esa persona. ¿Qué tiene que ellos no?
3. Leamos las frases en voz alta y pidamos a algunos voluntarios que den sus opiniones. Pidámosles que expliquen sus respuestas. Por ejemplo, algunos de ellos tal vez no estén de acuerdo con que es divertido ser cristiano. Algunas de estas declaraciones hacen alusión a la necesidad de ciertos chicos de vivir en emoción constante. Los jóvenes que siempre están al límite tienen un problema. Estar de fiesta en fiesta se ha convertido para ellos en una especie de deporte.
   Divertirse es bueno y saludable, pero la diversión destructiva es muy peligrosa. Preguntemos a los miembros del grupo por qué creen que muchos jóvenes escogen formas dañinas de diversión, como las drogas.
4. Les pediremos que compartan lo que consideran más divertido y lo más aburrido. ¿Qué formas sanas de divertirse existen? ¿Por qué algunos adolescentes relacionan diversión con destrucción? Conversemos sobre estos problemas con el grupo.
5. Leeremos los versículos en voz alta e intentaremos determinar qué es lo que dicen sobre la diversión. Los dividiremos en grupos más pequeños para esta parte del debate.

EL CIERRE

¡Dios quiere que nos divirtamos! Él no es un aguafiestas cósmico, o un padre que solo disciplina, o alguien que se sienta en el cielo con el ceño fruncido. Él desea que disfrutemos de la vida al máximo. Es por eso que creó todas las cosas: para que nosotros las disfrutáramos. Él es el creador de la vida, sabe qué es lo mejor para nosotros, y cómo podemos sacarle el máximo provecho a la vida. Leamos Filipenses 4:4, donde Pablo nos anima a regocijarnos.
Es posible pasarlo bien sin meternos en problemas. Los jóvenes de nuestro grupo muy probablemente tengan que enfrentar situaciones en las que las drogas y el alcohol se les ofrezcan como alternativas para pasarlo bien. Haremos énfasis en que pasar un buen rato y divertirse no es sinónimo de quedar inservible. Perder el control y arriesgarse a sufrir daños irreversibles en el cerebro no es divertido. Animemos a los jóvenes a que busquen actividades de las que no tengan que arrepentirse en el futuro.

UN POCO MÁS

- Podemos organizar una actividad distinta y divertida para un fin de semana o para las vacaciones. Puede ser una salida a un parque de diversiones, o ir a acampar a las montañas. Nuestro presupuesto y creatividad son el límite. Podemos armar un evento y recaudar fondos para esta actividad. ¡Después vayamos a divertirnos mucho!
- Sugeriremos que los jóvenes averigüen qué cosas divertidas pueden hacer en su propio barrio. Es más complicado si viven en una zona no muy poblada. Pidámosles que busquen en Internet eventos o actividades que se realicen en la ciudad. También que escriban en una pizarra o en una cartulina todas las ideas que se les ocurran sobre actividades que se puedan hacer. Los desafiaremos a que sean creativos (no se trata solo de ir al cine o alquilar películas). Que piensen en otras formas de realizar las actividades de siempre. ¡No importa si parece muy loco!

NADIE ES PERFECTO

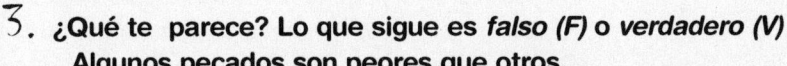

1. ¿Qué crees que es *el pecado*?

2. Menciona *tres pecados* que los jóvenes consideran no tan malos.

3. ¿Qué te parece? Lo que sigue es *falso (F)* o *verdadero (V)*
   ___ Algunos pecados son peores que otros.
   ___ Lo que era pecado hace diez años, quizás hoy ya no lo es.
   ___ Los cristianos no pecan intencionalmente.
   ___ Si lo que hago no daña a nadie, entonces no es pecado.
   ___ Como Dios perdona nuestros pecados, entonces no son algo tan grave.
   ___ De una u otra forma, siempre vamos a pagar por nuestros pecados.
   ___ Cuando nos arrepentimos, Dios perdona todos nuestros pecados.

4. Si sabes que algo está mal, pero igual lo haces, ¿cómo te sientes después? ¿Depende de las circunstancias?

5. Los siguientes textos hablan sobre el pecado. Léelos y reescríbelos con tus propias palabras.
   Salmos 1:1-3
   Salmos 130
   Proverbios 28:13
   Isaías 55:6-7
   1 Juan 1:8-9

NADIE ES PERFECTO [el pecado]

EL TEMA DE LA SEMANA

¿Qué es el pecado? Es una característica que define a la condición humana. Para algunos jóvenes es un concepto difícil de comprender, sobre todo para aquellos que no están acostumbrados a leer la Biblia. Esta Conversación dinámica nos ayudará a clarificar qué es el pecado y cómo hacen los cristianos para no vivir bajo su dominio.

PARA COMENZAR

Como para algunos es difícil comprender el pecado (más allá de saber que es hacer algo malo), le pediremos al grupo que responda las siguientes preguntas. ¿Cómo vemos el pecado (en nuestra mente)? ¿Cómo describiríamos el pecado? ¿Qué nos hace pecar? ¿Cuánto es mucho pecado?
Probablemente tendrán respuestas diferentes. Haremos una lista con todas. ¿Por qué contestaron eso? ¿Qué les ayudaría a entender mejor el pecado? ¿El grupo se pone nervioso al responder? Podemos repartir periódicos o revistas y pedirles que busquen ejemplos de pecado. Cada uno podrá mostrar uno o dos ejemplos de los que haya encontrado. ¿Cuál es el pecado? ¿Por qué eso se considera pecado? ¿En una escala de 1 a 10, cómo calificarían ese pecado?

EL DEBATE, PREGUNTA POR PREGUNTA

1. Trataremos de llegar a un consenso grupal sobre la definición de pecado. Hagámosles ver que el pecado es más que hacer cosas malas. Es rebeldía contra Dios y sus leyes.
2. Probablemente los jóvenes hayan incluido cosas como emborracharse, tener relaciones sexuales prematrimoniales, copiarse en los exámenes y mentir, entre otras. Haremos una lista con todas las respuestas y hablaremos acerca de por qué somos permisivos con algunas de esas cosas. Discutiremos las principales que se hayan mencionado y les preguntaremos por qué creen que son pecado.
3. Les pediremos que busquen el fundamento bíblico de sus respuestas. Podemos dividirlos en grupitos para que, Biblia en mano, determinen cuáles de esas afirmaciones son verdaderas y cuáles falsas. Que consulten una concordancia bíblica o una Biblia temática para sustentar sus opiniones. Intentaremos que los jóvenes del grupo entiendan que Dios los ama y los perdona, pero que nuestro pecado hiere a Dios. Nuestra naturaleza pecadora envió a Jesús a la cruz, porque nadie podía pagar el precio de lavar sus propios pecados.
La Biblia dice: "Pueden estar seguros de que no escaparán de su pecado" (Números 32:23). El pecado no encontraría tantos adeptos si sus consecuencias se vieran de inmediato. La principal razón por la que Dios no quiere que pequemos es porque el pecado es destructivo. No solamente estamos desobedeciendo a Dios, sino que nos lastimamos a nosotros mismos. Aun aquellos que parecen pecados pequeños nos pueden causar muchos problemas. Más allá de que Dios nos perdona, las consecuencias de haber actuado mal no desaparecen. El objetivo de esta actividad no es generar en los jóvenes sentimiento de culpa, sino hacerles ver los riesgos de pecar.
4. ¿Cómo respondieron los jóvenes del grupo esta pregunta? ¿En qué situaciones pecar sería más grave (por ejemplo, manejar a alta velocidad o copiarse en un examen)? Quizás podamos hacer referencia a los textos de la pregunta 5.
5. Leeremos estos pasajes bíblicos en voz alta. La intención es trasladar el centro de la discusión del pecado a la gracia. Y enfocarnos en el perdón de Dios.

EL CIERRE

Todos -padres, pastores, maestros, y amigos- somos pecadores. Es verdad. Todos somos humanos y estamos destituidos de la gloria de Dios. El pecado nos aleja de Dios, pero afortunadamente nunca nos separa de su amor. Dios es fiel y perdona nuestras faltas (1 Juan 1:9). Cuando nos arrepentimos y pedimos perdón, Dios nos da una nueva oportunidad.

¿Habrá algunos pecados con los que los miembros del grupo están luchando? Quizás sería bueno pedirles que los escribieran en una hoja. Luego haremos una demostración de que el perdón de Dios es como un fuego purificador: quemaremos los papeles en una gran fogata fuera del salón (¡con cuidado, por supuesto!). Otra opción más segura es que cada uno rompa su hoja en pequeños pedazos. Cualquiera de las dos actividades muestra lo que Cristo hace con nuestros pecados: los perdona y los olvida. Les diremos a los jóvenes que si se lo piden, recibirán el perdón de Cristo. Sería bueno que tuviéramos un momento de oración en silencio y de reflexión. Recordémosles que necesitan perdonarse a ellos mismos. Han dejado el pecado y la culpa en manos de Dios y él ha lavado sus corazones.

UN POCO MÁS

- La Biblia está llena de ejemplos de la gracia y el perdón de Dios. Cristo mostró amor y misericordia hacia los pecadores. De hecho, Jesús pasó tiempo con pecadores que eran considerados lo más bajo de la sociedad de ese momento (como María Magdalena, que era prostituta). Buscaremos algunos ejemplos y haremos una lista en una pizarra o en una cartulina. Que vean que Dios siempre ha perdonado y siempre perdonará a aquellos que lo aman.
- Planteemos el debate sobre la importancia de perdonar a otros, como Dios nos perdona a nosotros. ¿Por qué nos cuesta tanto perdonar y olvidar lo que nos hacen nuestros amigos o familiares? ¿Cómo podemos hacer para perdonarlos y sobreponernos al dolor que nos causaron? Lancemos un desafío: que esta semana, cada uno perdone a una persona que lo lastimó y arregle esa situación.

NO SIGAS A LA MANADA

1. Marca con una *X* el punto que crees que mejor te describe. ¿Eres alguien que sigue a los demás o un líder?

Sigo a los demás   Soy líder

2. Cuando alguien te presiona para hacer algo que no quieres, ¿qué haces?
   - ❏ Mientes e inventas una excusa
   - ❏ Le dices que está mal y que no lo harás
   - ❏ Simplemente le dices que no
   - ❏ Le sigues la corriente
   - ❏ Sugieres otra actividad
   - ❏ Te alejas de ese lugar o de esa situación
   - ❏ Otras cosas

3. ¿Qué consejo darías en cada una de estas situaciones?
   a. Los amigos de Tito lo presionan para que haga cosas malas.
   b. A Santiago le cuesta mucho ser él mismo cuando está con sus amigos.
   c. Julia siempre espera a escuchar qué piensan sus amigos antes de opinar.
   d. Luisa se siente incómoda si no usa la misma ropa que usan sus amigas.

4. ¿Te ocurre con frecuencia? Clasifica las siguientes situaciones en una escala de *1 (siempre)* a *6 (nunca)*.
   ___ Me siento presionado/a a hacer lo mismo que los demás para sentirme aceptado/a.
   ___ Les pido consejos más frecuentemente a mis padres que a mis amigos.
   ___ Prefiero decir directamente lo que pienso antes que seguir a la mayoría.
   ___ Tengo mis propios criterios, no me gusta vivir según los criterios de otros.
   ___ Cuando discuto con alguien, casi siempre acaban por convencerme.
   ___ Creo que es difícil vivir una vida cristiana cerca de mis amigos.

5. Lee estos textos y completa las frases con tus propias palabras.
   Romanos 12:1-2   Si trato de parecerme a otros en la escuela…
   I Corintios 15:33   Paso bastante tiempo con personas que…
   Hebreos 11:24-26   He decidido ser como…

NO SIGAS A LA MANADA [la presión del grupo]

EL TEMA DE LA SEMANA

Hay una realidad: la presión de grupo influye mucho sobre la conducta de nuestros jóvenes. Los adolescentes cada vez pasan más tiempo con gente de su edad y menos con su familia. Comparten buena parte del día con compañeros de clase, trabajan con personas de su edad, practican deporte con otros jóvenes, y hablan por teléfono o a través de la Internet con sus amigos. Aprenden de otros chicos, crecen junto con ellos y reciben la influencia de su entorno. Esta Conversación dinámica nos servirá para proponer un debate sobre las presiones a las que se ven expuestos los chicos, dentro y fuera del grupo de jóvenes.

PARA COMENZAR

Está a punto de comenzar "el desafío del sabor", como en la televisión, y los chicos serán los catadores. Haremos que prueben dos gaseosas de distintas marcas (Coca y Pepsi, por ejemplo) o dos frutas, o cualquier otra cosa que se nos ocurra. Deberán determinar cuál es la mejor: la marca A o la marca B.

De antemano, les pediremos a algunos de los jóvenes que elijan la marca A. El trabajo de ellos será persuadir a los demás de que elijan la misma marca. Les pediremos que hagan todo lo que puedan para convencer al resto del grupo. Llevaremos un registro de las respuestas y al final discutiremos los resultados. ¿Fueron influidos los jóvenes por los demás? ¿Por qué escucharon a sus amigos?

Algunos jóvenes no habrán sido persuadidos. Felicitémoslos por resistir ¿Qué hizo que mantuvieran su elección? ¿Se sintieron presionados? ¿Qué sentimientos les produjo el hecho de que hubiera chicos que quisieran hacerlos opinar en contra de lo que pensaban?

EL DEBATE, PREGUNTA POR PREGUNTA

1. Discutiremos la diferencia que existe entre ser un líder y alguien que sigue a los demás. Vamos a hacer una lista con las características de uno y otro. No hay nada malo en ser un seguidor (sin seguidores no habría líderes). La clave está en asegurarse de que aquel a quien seguimos sabe adónde va y se dirige hacia allí.

2. Que los jóvenes compartan sus elecciones y discutan las otras alternativas a la presión de grupo negativa.

3. Este juego de verdadero o falso nos ayudará a prever cómo actuar frente a ciertas situaciones reales. Les daremos espacio a los jóvenes para compartir sus respuestas con los demás.

4. Estas situaciones serán debatidas en general, con especial cuidado de que ninguno de los chicos se sienta avergonzado. Cada una tiene que ver con un aspecto específico de la presión de grupo y ayudará a los jóvenes a evaluar su propia vulnerabilidad. Escogeremos una o dos, como la relacionada con los padres. Haremos énfasis en la importancia de evaluar las consecuencias de ceder a la presión del grupo.

5. Daremos lugar a que aporten sus frases y lo que piensan sobre esos textos. ¿Dios entiende lo que es la presión del grupo? ¿Por qué?

EL CIERRE

No hay nada de malo en llevarse bien con los amigos. Dios le dio a cada persona convicciones y conciencia propias. Él confía en que esto nos ayude a tomar decisiones sabias y de acuerdo con su voluntad. Los verdaderos amigos respetan las opiniones de la otra persona y sus creencias.

No hay duda de que los valores del mundo son completamente opuestos a los valores del reino de Dios. Los jóvenes del grupo deben buscar primero el reino de Dios (Mateo 6:33) para poder tomar decisiones correctas.

Necesitan ver que Cristo fue tentado -igual que todos nosotros- y él nos comprende. Cristo nos puede ayudar en medio de las luchas. Uno de los frutos del Espíritu Santo es el dominio propio; ya no tenemos que dejarnos llevar por la mayoría.

UN POCO MÁS

- Le pediremos al grupo que busque ejemplos en los medios de comunicación acerca de la influencia que ejercen algunos jóvenes sobre otros. En casi todos los programas de televisión para jóvenes y en la publicidad de las revistas aparecen chicos incitados por otros a robar o a tener relaciones sexuales. Debatiremos sobre los ejemplos que aparezcan y también acerca de si los medios ejercen presión sobre los jóvenes. ¿Esto es bueno o malo?

- ¿Los jóvenes de nuestro grupo están en condiciones de elaborar una lista de sus creencias y valores personales? Haremos el intento y luego cada uno firmará en la parte inferior, como si fuera una suerte de contrato con ellos mismos mediante el cual se comprometen a no ceder por la presión del grupo en cosas como consumir drogas y tener relaciones sexuales prematrimoniales, entre otras. Que se pongan metas a ellos mismos. Ninguna tentación es tan grande como para no poder resistirla si tenemos a Dios de nuestra parte.

¡QUÉ MENTIROSO!

1. Reordena las siguientes situaciones, yendo de *las peores* (1) a *las mejores* (10).
   ___ Mentirles a tus padres para poder salir con tus amigos.
   ___ Copiar o plagiar información de Internet en los trabajos prácticos.
   ___ Robar algo de una tienda para hacer un regalo.
   ___ Darle una excusa falsa a un maestro.
   ___ Mentir para proteger a un amigo.
   ___ Perder el tiempo cuando se te paga para hacer un trabajo.
   ___ Dar información personal falsa en un *chat room*, en Internet.
   ___ Copiarte en un examen.
   ___ Decirle a tu novio/a que no pudiste llamarlo/a porque no funcionaba el teléfono.
   ___ Hacer copias ilegales de un video o un CD.

2. ¿Qué opinas al respecto? Coloca un *sí (S)* o un *no (N)*.
   ___ Un joven puede terminar la secundaria sin haber mentido nunca.
   ___ Siempre se debe decir la verdad, sin importar cuáles sean las consecuencias.
   ___ Si queremos llegar a la cima, tendremos que ser un poco deshonestos.
   ___ La sinceridad es la condición para una verdadera amistad.
   ___ En ocasiones es imposible ser sincero con los padres.
   ___ Mentir, a veces, puede ser un acto de bondad.
   ___ No está mal mentir si no lastimas a nadie y no te descubren.
   ___ Está bien decir, de vez en cuando, una mentira piadosa.

3. ¿Qué harías en las siguientes situaciones?
   a. Un amigo está haciendo correr un rumor falso sobre alguien que conoces.

   b. Encuentras una calculadora en tu salón de clases y... ¡justo tú necesitabas una!

   c. Tu mejor amiga se cortó el pelo y piensas que le queda muy mal. Ella te pregunta si te gusta, ¿qué le contestas?

   d. Tu mamá te pide que la ayudes y tú habías planeado salir con tus amigos.

   e. Has engañado a tu novio/a y él o ella no se ha dado cuenta.

4. Haz un resumen del *Salmo 15*, al dorso de la hoja, usando tus propias palabras.

¡QUÉ MENTIROSO! [la sinceridad]

EL TEMA DE LA SEMANA

Es muy fácil, por estos días, conseguir lo que uno quiere. Solo hay que ser un poquito deshonesto. Uno puede "fingir" en una sala de chat, robar pequeños artículos de una tienda, o decir una mentirilla a los padres. Pero la falta de veracidad es más que decir mentiras. ¿Para los jóvenes del grupo la veracidad constituye un valor? Deben decidir si serán sinceros o no con los demás. Esta Conversación dinámica pone el foco del debate sobre la veracidad ¡y las razones por las que Dios aboga por ella!

PARA COMENZAR

¿Los miembros del grupo de jóvenes se conocen bien? Haremos un juego que se llama "Dos verdades y una mentira". Les pediremos a los jóvenes que escriban tres cosas sobre ellos mismos, dos ciertas y una falsa. Si logran elegir dos verdades que parezcan mentira y una mentira que parezca verdad, podrán engañar al grupo. Los chicos deberán tratar de adivinar cuál de las tres es mentira.

Otra posibilidad es armar un concurso de mentiras. Haremos un concurso para ver quién puede decir la mentira más grande. Una vez que cada joven haya dicho la suya, votaremos por la mejor. Anunciemos que el ganador obtendrá un premio en dinero y luego informémosles que lo hemos ganado nosotros, ¡porque era mentira!

EL DEBATE, PREGUNTA POR PREGUNTA

1. Buscaremos algunos voluntarios que revelen su ranking y que nos cuenten por qué lo armaron en ese orden. Debemos esperar considerables diferencias entre unos y otros. Deberán debatirse las diferentes respuestas. ¿Por qué algunas situaciones son mejores y otras peores?
2. Este ejercicio puede revestir cierta dificultad porque las respuestas deben ser sí o no. Dividamos a los jóvenes en pequeños grupos, según las respuestas, y permitamos que debatan los distintos problemas.
3. Estas situaciones harán subir el tono del debate y seguramente llevarán a que se planteen otras situaciones. Los jóvenes tendrán espacio para contar qué harían ellos en ese lugar. Debemos tener una actitud franca y mantener la conversación libre de burlas. De lo contrario, los participantes no darán respuestas sinceras o simplemente dirán lo que piensan que queremos oír.
4. Que los chicos lean sus paráfrasis. Además del Salmo 15, quizá podamos pedirles que busquen en la Biblia más versículos que se relacionen con la veracidad.

EL CIERRE

A modo de conclusión, podemos enfocar las consecuencias de ser veraz o deshonesto. La falta de veracidad puede ser una granada que nos estalle en la cara. Una mentira lleva a otra. Y tener fama de mentiroso sin dudas arruinará nuestra reputación y también afectará nuestra autoestima. Una de las características que define a un cristiano es la sinceridad y la confiabilidad. ¿Cómo podemos imitar a Cristo? Siendo veraces y honestos como él. Recordémosles que Dios perdona y olvida las mentiras que dijimos en el pasado si nos arrepentimos y cambiamos de actitud.

Un poco más

- Pidamos a los jóvenes que, mientras miren televisión, escuchen radio, lean revistas, y naveguen por Internet durante esta semana, busquen ejemplos de deshonestidad en los medios. ¿Cómo utilizan los medios la deshonestidad (o la falta de veracidad) para vender productos, hacer dinero, o mentirle al público? ¿En qué formas notamos que los medios son deshonestos? ¿Existen programas de televisión específicos, marcas publicitadas, o sitios en Internet que no tengan credibilidad?
- Planteemos el desafío a los jóvenes de que les pidan a sus padres que les cuenten alguna historia acerca de un momento en que no fueron completamente veraces cuando eran jóvenes, y qué sucedió como resultado. A veces los padres tienen historias graciosas (o no muy graciosas) para contar. Hagamos que los jóvenes del grupo les pidan consejo sobre la honestidad y veracidad a sus padres para compartirlo en la próxima reunión y allí poder hacer una lista con todos los consejos obtenidos.

GUÍA DEL LÍDER

HAZ-ALGO@PORELMUNDO.COM

1. Si pudieras hacer algo para que el mundo estuviera mejor, ¿qué harías?

2. Los siguientes problemas a veces están en el foco de atención de los cristianos. Escoge los cinco que consideres más significativos y colócales un orden de importancia.

   ___ Conflictos en el Medio Oriente
   ___ La pobreza
   ___ El tráfico de armas
   ___ El racismo
   ___ Las drogas
   ___ La pornografía en Internet
   ___ El delito
   ___ El hambre
   ___ Las pandillas
   ___ Las guerras
   ___ El terrorismo
   ___ La homosexualidad
   ___ La censura
   ___ El aborto
   ___ La superpoblación
   ___ El divorcio
   ___ El SIDA
   ___ El abuso infantil
   ___ La política
   ___ Otros

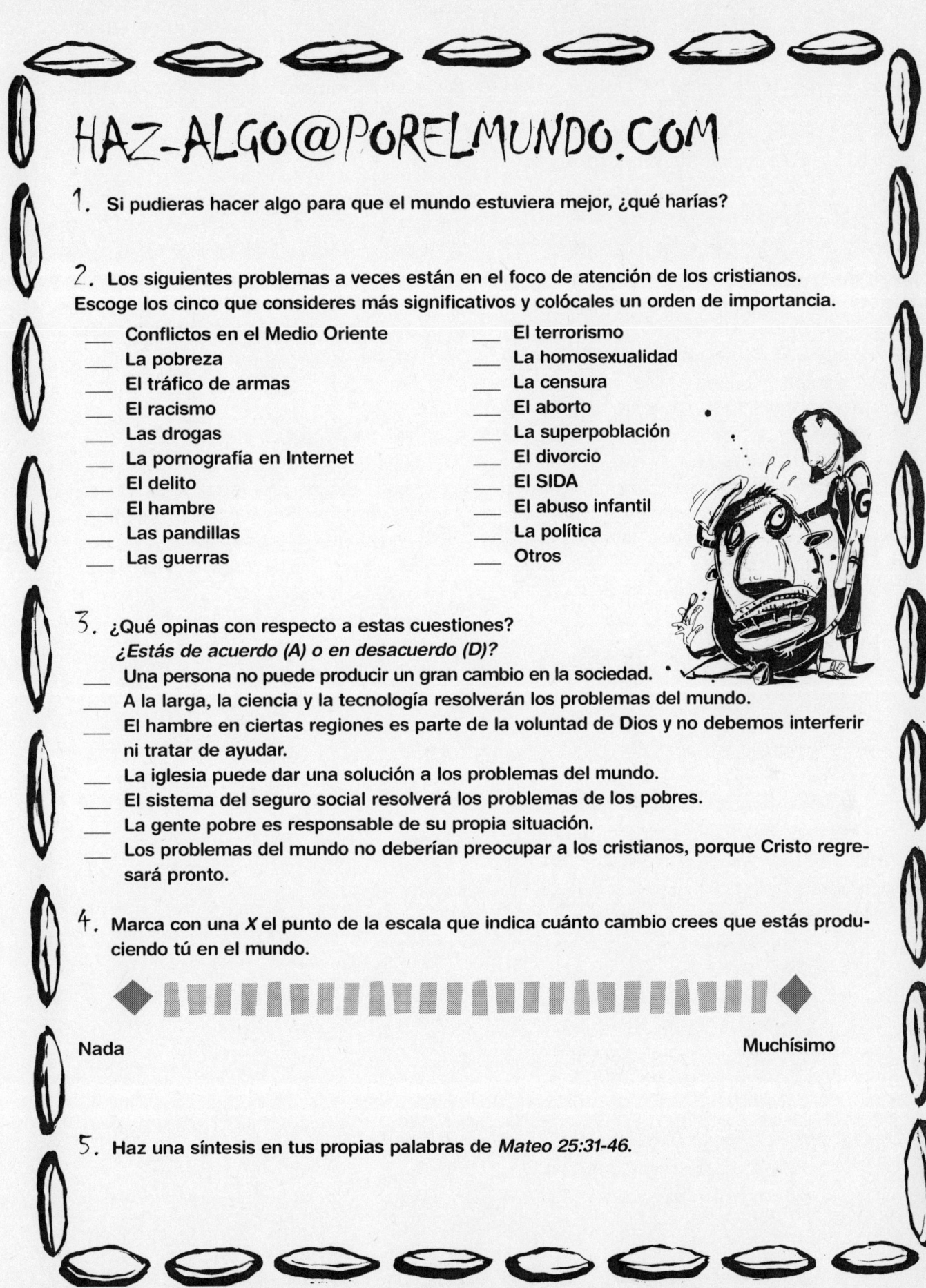

3. ¿Qué opinas con respecto a estas cuestiones?
   ¿Estás de acuerdo (A) o en desacuerdo (D)?
   ___ Una persona no puede producir un gran cambio en la sociedad.
   ___ A la larga, la ciencia y la tecnología resolverán los problemas del mundo.
   ___ El hambre en ciertas regiones es parte de la voluntad de Dios y no debemos interferir ni tratar de ayudar.
   ___ La iglesia puede dar una solución a los problemas del mundo.
   ___ El sistema del seguro social resolverá los problemas de los pobres.
   ___ La gente pobre es responsable de su propia situación.
   ___ Los problemas del mundo no deberían preocupar a los cristianos, porque Cristo regresará pronto.

4. Marca con una *X* el punto de la escala que indica cuánto cambio crees que estás produciendo tú en el mundo.

   Nada ◆▬▬▬▬▬▬▬▬▬▬▬◆ Muchísimo

5. Haz una síntesis en tus propias palabras de *Mateo 25:31-46*.

HAZ-ALGO@PORELMUNDO.COM [acción social cristiana]

El tema de la semana

La cantidad de problemas sociales que hay en el mundo es abrumadora. Desde la pobreza hasta la desigualdad. Los jóvenes pueden hacer un gran aporte, pero la mayoría, hasta ahora, no ha sido motivada a entrar en acción. Esta Conversación dinámica nos permitirá debatir acerca de si los jóvenes pueden contribuir a cambiar el mundo, al ayudar a quienes padecen más necesidades que ellos.

Para comenzar

¿Los jóvenes de nuestro grupo saben qué sucede en el mundo? Podemos dividirlos en pequeños equipos y distribuirles periódicos y revistas para que busquen noticias sobre gente necesitada y sobre problemas mundiales. Tendrán entre cinco y diez minutos para hacerlo. Luego presentarán ante el grupo los resultados. Si es posible, llevemos un mapamundi para localizar los lugares en los que se desarrollan los conflictos. Los chicos pueden colocar una marca en el mapa por cada problema mencionado, tanto dentro del país como en otras regiones.

¿Cuáles son las necesidades en otras partes del mundo? Plantearemos algunas de las situaciones, como la falta de agua, la posibilidad de comer una sola vez al día, la lucha contra una epidemia sin contar con los recursos o el no poder adorar a Dios con libertad. Tratemos de ponernos en el lugar de los habitantes de las regiones donde existen estos conflictos. ¿Cómo se sentirían nuestros jóvenes si vivieran allí? ¿Sus prioridades serían diferentes? ¿Estas situaciones afectarían su fe en Dios?

El debate, pregunta por pregunta

1. Es probable que a algunos de los jóvenes les cueste responder esta pregunta. Debemos hacerles ver que ellos pueden producir un cambio en el mundo actual. Debatiremos las respuestas y cómo cada posibilidad modificaría de algún modo a la sociedad.
2. Compararemos las diferentes prioridades y entre todos haremos una lista con los diez principales problemas del mundo. ¿Qué puede hacer la iglesia? ¿Cuáles de esos problemas requieren una solución urgente?
3. Cada punto encierra un potencial debate. Profundicemos aquellos sobre los que haya menor coincidencia en las respuestas. El objetivo es que los jóvenes vean que ellos pueden producir un cambio, a pesar de que la cantidad de problemas que existen en el mundo parezca abrumadora. ¿Las cosas pequeñas pueden modificar las cosas en algo?
4. Este ejercicio ilustra la diferencia entre lo que estamos haciendo hoy y lo que nos gustaría hacer. Busquemos entre todos alternativas para hacer del mundo un lugar mejor. Hagamos una lista de ideas, para colocarla en un sitio visible.
5. Que algunos de los jóvenes lean sus resúmenes y que señalen qué les enseñó ese pasaje. ¿Qué diría Jesús acerca de la acción social?

El cierre

Dios dio a cada uno dones y capacidades para ayudar a los que más necesitan. El aporte puede ser grande o pequeño. Dios puede usarnos a todos para producir un cambio en el mundo. En Marcos 6:30-44, por ejemplo, dio de comer a cinco mil personas, con solo una ración de comida. De la misma manera, él puede tomar aquello que los jóvenes le ofrezcan, sea lo que fuere, y bendecirlo. Como Dios ve y conoce todas las cosas, aun los pequeños esfuerzos cumplen un papel muy importante.

Un poco más

- La oración es una forma de ayudar a los necesitados. Podríamos confeccionar una lista con todos los problemas que se han discutido durante la introducción. Luego repartiremos copias para que los chicos oren a diario por cada punto. Los animaremos a estar atentos a las noticias internacionales y a interceder por ellas. Para mantenernos informados sobre lo que ocurre en el mundo, podemos consultar www.bbcmundo.com, www.univision.com, o www.terra.com.
- Como grupo, podemos apadrinar a un niño necesitado a través de alguna organización cristiana, como Visión Mundial o Compasión Internacional. Se pueden planificar distintas actividades para recaudar fondos, para apoyar como iglesia a algún necesitado.
- Planteemos un desafío a los jóvenes: ¡salir y hacer algo! Puede ser un proyecto de servicio o una actividad evangelizadora.

GUÍA DEL LÍDER

EL UNO ES EL NÚMERO MÁS SOLITARIO

1. Menciona *cinco palabras* que describan la soledad.

2. ¿Cómo completarías esta frase? "Me siento más solo/a cuando..."

3. Natasha salió el viernes a la noche con sus tres amigas. Se llevan bien y se divirtieron mucho, pero Natasha siente que no encaja del todo en el grupo. En su diario, esa noche, escribió que se sentía sola. ¿*Por qué* crees que le pasa eso a Natasha?

    ¿*Qué puede* hacer al respecto?

4. ¿Qué piensas al respecto? ¿Estás *de acuerdo (A) o en desacuerdo (D)*?
   ___ Todos se sienten solos a veces.
   ___ Si estás con otras personas no puedes sentirte solo.
   ___ Uno tiene la culpa si se siente solo.
   ___ Si la vida fuera más interesante, los jóvenes no se sentirían solos.
   ___ Jesús se sintió solo.
   ___ Si eres joven y te sientes solo, te sentirás solo por el resto de tu vida.
   ___ Los adultos se sienten solos con más frecuencia que los jóvenes.

5. ¿*Qué* haces cuando te sientes solo?

6. Lee 2 Timoteo 4:16-18 y responde las preguntas que siguen.
    ¿Cómo se sentía Pablo?

    ¿Por qué la gente no nos apoya siempre?

    ¿Cómo apoyó el Señor a Pablo?

EL UNO ES EL NÚMERO MÁS SOLITARIO [la soledad]

EL TEMA DE LA SEMANA

A los jóvenes todo el mundo les dice que los años de la adolescencia son los mejores años de la vida. No obstante, en ocasiones ellos experimentan una sensación de mucha soledad, aun en medio de la diversión sin límites. Esta Conversación dinámica ofrece la oportunidad de hablar acerca del sentimiento de soledad, de sus causas, de sus posibles soluciones y de cómo Dios puede ayudar.

PARA COMENZAR

Con anterioridad a la sesión, podemos pedirles a los chicos que busquen historias de gente que se siente sola en canciones, películas, poesías, entrevistas, o libros. Después, debatamos los ejemplos con el grupo. ¿Cuál es el mensaje de cada historia acerca de la soledad? ¿Qué conceptos vienen a la mente a partir de cada una? ¿Cómo se sentía la persona de la historia y por qué? ¿Cómo superó, si pudo, la soledad? Podemos armar una lista con esas característica como referencia.

EL DEBATE, PREGUNTA POR PREGUNTA

1. Haremos una lista con todas las palabras seleccionadas. ¿Cuál fue la más elegida?
2. ¿Cuándo se sienten más solos los jóvenes del grupo? ¿Por qué?
3. Este punto generará debate sobre la soledad. Quizás algunos no comprendan o malinterpreten este sentimiento interior. La soledad puede esconder un complejo de inferioridad que hace que uno sienta que no encaja, aunque esté rodeado por gente que aprecia. Este tema generará un debate que insumirá bastante tiempo.
4. Discutiremos estas afirmaciones en grupo. Cada uno podrá expresar su opinión al respecto. Al organizar esta actividad tengamos en cuenta que necesitaremos cierto tiempo para debatir los puntos en los que no haya consenso. Hablaremos acerca de que Jesús también se sintió solo (ver Mateo 13:53-57; Marcos 14:22,27,31,50; 15:1-34; y Lucas 4:24-30).
5. Hablaremos sobre cómo superar la soledad. ¿Qué hacen los jóvenes del grupo cuando se sienten solos? ¿Cómo maneja en general la gente la soledad? ¿Es eso bueno o no tanto?
6. Describir cómo Pablo enfrentó la soledad. Lanzaremos la pregunta acerca de si Dios puede hacer por los miembros del grupo de jóvenes lo mismo que hizo por Pablo. Tal vez sería oportuno leer el Salmo 146.

EL CIERRE

Dios nos creó para estar en relación con otras personas. Fuimos creados para vivir en familia y en comunidad. Por eso es importante que construyamos amistades y protejamos nuestras relaciones.

Cristo experimentó la soledad. Podríamos leer algunos versículos que muestran a Jesús en ese estado. Por eso, él conoce y comprende a quienes se sienten solos. Es probable que algunos de los jóvenes se sientan solitarios, pero es importante que recuerden que en realidad nunca están solos. ¿A quién pueden recurrir cuando se sientan mal? Los exhortaremos a buscar alguien que los anime. Podemos ser nosotros, un profesor, un consejero, u otro adulto.

UN POCO MÁS

- ¿Cómo se sienten los jóvenes cuando están a solas? Propongámosles que pasen una media hora, o más, alejados de todo, sin televisión, Internet, radio, u otra distracción. Que se concentren en estar con ellos mismos, para pensar u orar. ¿Qué les resultó difícil de estar solos? ¿Cómo se mantuvieron ocupados?
- Tal vez sea bueno dedicar un tiempo a hablar acerca de que sentirnos solos puede conducirnos a la depresión. Cada vez hay más gente que padece depresión, incluso entre los jóvenes. Algunos de los miembros del grupo pueden tener problemas de este tipo, o bien sus padres, o hermanos. La soledad y la depresión no son lo mismo. Asegurémonos de que los jóvenes reconozcan la diferencia. Pero lo cierto es que vivir con un sentimiento de soledad conduce a la depresión y hace que esa persona se aparte del resto. Así, la soledad y la depresión conforman un círculo vicioso. La depresión es un desorden emocional, que puede tener síntomas como cambios repentinos de humor y pensamientos suicidas. Encontraremos más información en: www.depression.com; o en: www.depression.about.com/health/depression.

DAME AMOR

1. Escribe una frase que describa:

   ¿Cómo crees que el mundo ve el amor?

   ¿Cómo crees que los cristianos ven el amor?

2. ¿A quién resulta fácil (F) amar y a quién difícil (D)?

   ___ A tu mamá   ___ A un maestro   ___ A tu jefe
   ___ A un amigo cercano   ___ A tu papá   ___ A un pobre
   ___ A un cantante famoso   ___ A tu novio/a   ___ A un rico
   ___ A ti mismo   ___ A Dios
   ___ A tus hermanos   ___ A tus abuelos
   ___ A alguien de otra raza ___ A alguien muy apuesto

3. Señala cuáles de las siguientes situaciones *no son* ejemplos de amor:
   - Acusar a tu hermana para que la regañen porque hizo algo malo.
   - Poner límites al contacto físico.
   - Burlarse de los errores de otro.
   - Donar dinero para un ministerio.
   - Ser respetuoso con un oficial de policía.
   - Tener relaciones sexuales.
   - Llevar en el auto a un compañero del colegio que no es muy apreciado por los demás.
   - Irse antes de hora del trabajo.
   - Negarte a mentir para cubrir a un amigo.
   - Ayudar a tu hermano con la tarea de matemática.
   - Ofrecerte a ayudar en algún proyecto de la iglesia.
   - No respetar las órdenes de tus padres.
   - Navegar por páginas de Internet con contenidos indebidos.
   - Colaborar con las tareas de la casa.

4. Lee *1 Corintios 13:1-13*. Estos versículos describen el amor de Dios. Anota, en tus propias palabras, las características que aparecen.

DAME AMOR [el amor cristiano]

EL TEMA DE LA SEMANA

Existen, entre los jóvenes, diferentes ideas acerca del amor. Algunos piensan que es un sentimiento que se experimenta hacia otra persona. Otros creen que tiene que ver con un acto físico, como se muestra en la televisión y en las películas. Otros, en cambio, lo interpretan como una acción y no una emoción. Los medios de comunicación han establecido diferentes concepciones del amor, muchas de las cuales no son ni ciertas ni sanas. A medida que aumenta la tasa de divorcios, cada vez son más los jóvenes que no entienden qué es el amor. Esta Conversación dinámica nos ayudará a descubrir qué piensan los jóvenes del grupo acerca del amor. Intentaremos profundizar el tema y plantear diferentes formas prácticas con las que el grupo puede poner el amor en acción.

PARA COMENZAR

El amor romántico es el tema principal de la mayoría de las canciones, no importa cuál sea su género. Para comenzar esta sesión escucharemos alguna canción que esté de moda o veremos un video que hable de amor. Puedes bajar canciones o escucharlas por Internet en la página www.mp3.com. Otra opción es escribir la palabra amor en una pizarra o en una cartulina. Luego les pediremos a los jóvenes que hagan una lista de términos que describan al amor. ¿Qué es el amor? ¿Cómo lo presentan los medios? Puedes retomar esta lista en la conclusión.

EL DEBATE, PREGUNTA POR PREGUNTA

1. Compararemos las diferentes respuestas para llegar a un consenso acerca de la diferencia entre cómo ven los cristianos el amor y cómo lo ve el mundo.
2. Que los jóvenes justifiquen sus respuestas. ¿Por qué hay gente a quién nos resulta más sencillo amar?
3. Algunas de las situaciones de la lista son ejemplos de amor y otras no. Preguntemos al grupo por qué eligieron esas respuestas. Revisaremos cada una de las situaciones y discutiremos cómo cada una demuestra amor o todo lo contrario. Respondamos las preguntas que pudieran surgir. Dejemos un tiempo para el debate. Asegurémonos de comprender por qué algunos de los ejemplos reflejan falta de amor a los demás o a uno mismo. Dios nos manda a amar a los demás como a nosotros mismos (Lucas 10:27). Si los jóvenes no se aman a ellos mismos, ¡algo les está haciendo falta!
4. ¿Qué características del amor anotaron los jóvenes? ¿Qué otras palabras se usan en estos versículos para hablar de amor? Podemos hacer una paráfrasis de algún texto bíblico.

EL CIERRE

En la conclusión, no olvidemos señalar que el amor no es un sentimiento ni una emoción, más bien es una decisión. La Biblia no nos pide que amemos al prójimo; nos ordena que lo amemos, incluso a aquellos que no nos agradan.

Debemos ver a la gente de la misma manera en que Cristo la ve. Todos somos hijos de Dios, creados a su imagen, y por los que Cristo murió. Hoy, la cultura nos impone que valoremos a las personas por aquello que tienen o representan. Cristo nos enseña que simplemente debemos amar a los demás.

Terminaremos con una reflexión sobre la lista inicial de palabras que describen el amor. Discutiremos cómo el mundo presenta el amor y cómo lo ve la iglesia. ¿Cuáles son las principales diferencias? ¿Se ha equivocado el grupo en el significado del amor? ¿Qué tendría para decirle Dios a nuestra sociedad acerca del amor?

UN POCO MÁS

- ¿Quién es esa persona a quien tanto les cuesta amar? Una buena manera de superar esto es comenzar a orar por ella. La oración fortalece las relaciones. Animemos al grupo a hacer algo durante la semana: orar y buscar a esa persona, saludarla, enviarle un correo que la reconforte. ¿Fue difícil mostrar amor hacia esa persona? ¿Los hizo cambiar de opinión sobre ella? ¿Cómo se sintieron?
- Nos dividiremos en equipos para profundizar el estudio bíblico. Que cada grupo busque uno o dos versículos que hablen sobre el amor. ¿Qué dicen acerca del amor de Dios y del amor del mundo?

GUÍA DEL LÍDER

MÁS SABIO QUE TODOS

1. ¿Quién es la persona más *sabia* que conoces?

2. ¿Cuál es el mejor *consejo* que alguien te haya dado?

3. ¿Cómo completarías esta frase? "Yo sería mucho más sabio si…"

4. Elige *tres situaciones* en las que podrías usar un poco más de sabiduría.
   - ❏ Para no meterte en problemas
   - ❏ En los estudios
   - ❏ En tu relación familiar
   - ❏ Para controlar tus emociones
   - ❏ En tus relaciones y en el manejo de tu sexualidad
   - ❏ Para conocer más la Biblia
   - ❏ Para elegir a tus amigos
   - ❏ Para administrar el dinero
   - ❏ Para saber escuchar consejos
   - ❏ Para decidir acerca del futuro
   - ❏ En mi relación con Dios
   - ❏ Otras

5. ¿Qué consejo le darías al papá que escribió esta nota?
   " Tengo tres hijos adolescentes (dos hijas y un hijo). Mi problema es que ninguno de ellos escucha mis consejos. Creen que saben todo y que yo no sé nada. Especialmente mi hijo mayor. Me preocupa su futuro y quiero poder pasarle algo de la sabiduría que adquirí dando tropiezos. No quiero que ellos cometan los mismos errores que yo o que he visto cometer a otros. ¿Qué puedo hacer?"

6. Escoge un capítulo del libro de Proverbios y después de leerlo, escribe cinco consejos de los que se dan en el capítulo.

MÁS SABIO QUE TODOS [la sabiduría]

EL TEMA DE LA SEMANA

Los jóvenes escuchan consejos de sus amigos, de sus maestros, de los padres y de los medios de comunicación, por solo mencionar algunas fuentes. Pero... ¿cuál siguen? ¿A quién le creen? ¿Son capaces de analizar toda esa información? Esta Conversación dinámica ha sido pensada para generar un debate sobre la necesidad de pedir consejo y termina planteando que la palabra de Dios es la principal fuente de sabiduría.

PARA COMENZAR

Antes de comenzar con esta actividad, necesitaremos una pizarra o una cartulina, algo con qué escribir, y unas cuantas cosas más: hojas de distintos horóscopos, un dado grande, un juego de cartas, una bola mágica, el recorte de alguna columna de consejos de cualquier revista y una Biblia. Comenzaremos por pedirles a los chicos que hagan una lista de los problemas o de las decisiones que deben enfrentar a diario. Tomaremos nota de sus respuestas con letra grande. (Por ejemplo, qué desayunar, qué ropa ponerse, con quién almorzar, o cómo estudiar para un examen.) Luego dividiremos al grupo en pequeños equipos y les asignaremos algunos de los problemas que mencionaron. Su misión será resolver esos dilemas, eligiendo de entre los artículos que llevamos una "herramienta de sabiduría" que los ayude a tomar la decisión adecuada. Luego le preguntaremos al grupo qué opina sobre esas "fuentes de sabiduría" y si alguna vez le resultaron útiles.

EL DEBATE, PREGUNTA POR PREGUNTA

1. ¿Qué es ser sabio para los jóvenes del grupo? ¿Por qué? ¿Cuáles son las características que hacen a una persona sabia?
2. Les pediremos a algunos voluntarios que nos den algunos consejos. ¿De quiénes los recibieron? ¿Les sirvieron?
3. Que algunos de los jóvenes lean las frases que completaron y que expliquen por qué lo hicieron así. Hagámosles ver que debemos buscar más sabiduría cada día.
4. Después de escuchar las respuestas, podemos comentar que ser sabio no necesariamente significa ser inteligente. Cualquiera puede aprender. Pero, ¿qué es lo que hace con lo que aprendió? Eso es la sabiduría. ¿Cómo pueden los jóvenes del grupo adquirir sabiduría?
5. Este punto aborda uno de los conflictos más frecuentes entre los padres y sus hijos jóvenes: el hijo que cree que lo sabe todo. Al compartir los consejos, trataremos de que los chicos entiendan el punto de vista de sus padres, en lugar de quedarse solamente con el de ellos.
6. Este ejercicio resulta apropiado para grupos pequeños. Cada uno debe escoger un capítulo distinto. Les daremos suficiente tiempo como para que piensen cinco consejos sabios. El objetivo es que aprendan a usar la Biblia como fuente de sabiduría aplicable a su vida diaria. Los animaremos a que busquen la Palabra de Dios para tomar las decisiones cotidianas.

EL CIERRE

Plantearemos el debate acerca de cómo se busca la sabiduría de Dios a través de la oración, el estudio bíblico, y el consejo de otros cristianos. Una recomendación que podemos hacerles es que tomen con cierto cuidado los consejos que reciben de sus amigos, de los medios de comunicación, o de otras fuentes. Cuando nos dan un consejo equivocado, es muy probable que la decisión que tomemos sea errónea. Dios nos ha dado la capacidad de evaluar y discernir sobre las situaciones. Recordemos que: "El principio de la sabiduría es el temor de Jehová" (Proverbios 1:7, Reina-Valera 1995). La verdadera sabiduría viene de Dios. Cuanto más lo busquemos y obedezcamos sus mandamientos, más sabiduría recibiremos de su mano.

UN POCO MÁS

- Elegiremos los cinco temas principales acerca de los cuales los jóvenes necesitan consejo. Cómo escoger a sus amigos, cómo invitar a alguien a salir, cómo actuar cuando están enojados, y cómo proceder frente a las drogas, pueden ser algunos ejemplos. Tal vez sería oportuno buscar pasajes bíblicos que se relacionen con cada tema. Podría ser útil tener a mano una concordancia o una Biblia temática. Un buen libro para encontrar consejos es Proverbios. Su autor, Salomón, era un hombre sabio. Luego debatiremos los textos y cómo se aplican a nuestra vida. ¿Qué consejo nos daría Dios?
- Tiempo de preguntas y respuestas. Podemos armar un panel con varios adultos, padres y jóvenes. Que los chicos preparen preguntas (no necesitan incluir su nombre). Colocaremos las hojas en una caja y las leeremos una a la vez. Luego, los invitados darán su consejo para cada situación. Esta es una excelente forma de que los jóvenes interactúen con los adultos y escuchen las perspectivas de otra gente, y no solamente las de nosotros o de sus amigos.
- En la sociedad actual, ¿adónde recurre la gente para buscar consejo? Puede ser a las columnas de los periódicos, a los programas de radio o televisión, y a los libros de autoayuda. ¿Los jóvenes del grupo han recurrido a alguna de esas fuentes para buscar consejo? ¿Cuáles son más confiables o dan consejos más honestos? ¿Por qué? Necesitaremos tiempo para hablar acerca de estas tendencias en una sociedad que precisa más sabiduría.

CAMBIAR DE CANAL

1. Menciona tres *cosas positivas* y *tres negativas* de la televisión.

2. Marca con un *círculo* tu respuesta a las siguientes preguntas:

   ¿Por qué ves televisión?
   Porque no tengo nada mejor que hacer
   Porque es entretenido
   Porque educa
   Otras

   ¿Qué haces si te llama un amigo durante tu programa favorito?
   ❏ Lo llamo más tarde, después del programa
   ❏ Hablo por teléfono mientras veo el programa
   ❏ Apago el televisor y hablo con él
   ❏ Otras

   ¿Qué harías si se descompusiera tu televisor?
   ❏ Trataría de convencer a mis papás para que compraran otro pronto
   ❏ Buscaría otra cosa para hacer y ocupar mi tiempo
   ❏ Me deprimiría
   ❏ Otras

3. ¿Las siguientes afirmaciones en tu caso son verdaderas *siempre (S), a veces (A)* o *nunca (N)?*
   ___ Veo más de 20 horas de televisión por semana.
   ___ Miro televisión aunque sepa que debería estar haciendo otra cosa, como mi tarea.
   ___ Los anuncios y comerciales influyen en lo que quiero y en cómo me comporto.
   ___ Soy plenamente consciente del tiempo que paso frente al televisor.
   ___ Los programas que miro tienen muchas escenas de sexo y violencia.
   ___ Veo muchos videos musicales.
   ___ Apenas entro a casa, enciendo el televisor.
   ___ Estudio con el televisor encendido.

4. ¿Cuáles de los siguientes versículos bíblicos se aplican a la televisión?

   Éxodo 20:3-61   1 Corintios 10:31   Josué 14:1-2   Gálatas 2:1

CAMBIAR DE CANAL [la televisión]

EL TEMA DE LA SEMANA

La televisión, la tele, ¡llámala como quieras! La verdad es que tiene una gran influencia sobre nuestra sociedad. Una persona mira muchas horas la televisión por semana. Hay casi un canal de cable para cada tema de interés: deportes, música, noticias, y tantos otros. La mayoría de los hogares tiene más de un televisor y la mayoría de los niños conocen muy bien a los personajes de la pantalla chica. La televisión es el parámetro que rige la vida en nuestra cultura. Le dice a la gente qué necesita, qué debe comer y tomar, cómo debe verse, y hasta cómo debe conducirse.

Esta Conversación dinámica propone importantes interrogantes para los cristianos. No podemos pedirles a los jóvenes que apaguen el televisor, pero podemos enseñarles buenas estrategias para mirar sus programas. El propósito de esta sesión es que los chicos aprendan a evaluar por ellos mismos lo que miran.

PARA COMENZAR

En una pizarra o en una cartulina, diseñemos un horario con la programación televisiva semanal, pero vacío. Solo colocaremos los días de la semana, los canales y la hora. ¡Que los jóvenes intenten completar de memoria la programación! ¡Nos sorprenderá descubrir cuánto saben! Tendremos a mano los datos correctos para verificarlos.

¿Vamos más allá? Les pediremos que clasifiquen los programas en buenos, malos o dudosos dentro de una escala de 1 a 10. Hablaremos acerca de las distintas clases de programas y para qué audiencia fueron diseñados. Luego intentaremos descubrir la manera en que presenta cada programa a los adolescentes, a los padres y a la religión.

EL DEBATE, PREGUNTA POR PREGUNTA

1. Discutiremos lo positivo y lo negativo que ofrece la televisión. Entre todos confeccionaremos una lista completa en una pizarra o en una cartulina. ¿Todos están de acuerdo? ¿Por qué? ¿Por qué algunos piensan que la televisión tiene cosas positivas y negativas?
2. ¿Cómo contestaron los jóvenes esta pregunta? ¿Qué otras respuestas dieron? ¡Este ejercicio sirve para reflejar cómo la televisión rige la vida de los adolescentes! ¿Qué pueden hacer para cambiar sus hábitos en cuanto a ver televisión?
3. Esta actividad los ayudará a evaluar su conducta frente a la pantalla. No los obligaremos a revelar quién dio cada respuesta, sino que las analizaremos en términos generales. ¿Fue difícil ser sinceros al responder las preguntas? Discutiremos las respuestas del grupo e intentaremos profundizar en algunas de ellas.
   - Si crees que ves mucha televisión, ¿por qué será?
   - ¿Sería diferente tu vida si no existiera la televisión?
   - ¿Qué buenos hábitos pueden desarrollar los jóvenes para ver televisión?
4. Cuando se escribió la Biblia no existía tal cosa como la televisión, así que mucha gente piensa que la Biblia no tiene nada que decir al respecto. Leeremos cada pasaje y analizaremos si se aplica a la televisión o no.

EL CIERRE

La televisión es una industria de entretenimientos. Cada semana se gastan millones de dólares en la programación. Pero la mayoría de las cosas que vemos por televisión no tienen que ver con la realidad. Algunos programas ofrecen una vía de escape para aquellos que no pueden enfrentar la realidad. Algunos jóvenes no comprenden que los programas en los que solo hay gente linda y efectos especiales no solo son ficción sino que ni siquiera sus tramas reflejan la realidad.

Tengamos una lluvia de ideas para descubrir aquellos valores que, como cristianos deberíamos buscar en un programa de televisión. Hagamos una lista. ¿Qué deberíamos recordar cuando vemos televisión? ¿Están de acuerdo con que saturar sus mentes con programas de televisión afecta la forma en la que actúan, hablan y viven? ¿Cómo nos afecta la publicidad y qué podemos hacer como cristianos al respecto? La propuesta será que los jóvenes intenten reducir el tiempo que pasan frente a la televisión y ser más creativos para buscar otras actividades que desarrollar en su tiempo libre.

UN POCO MÁS

- ¿Qué ven y cuánto? Les pediremos a los jóvenes que lleven un diario en el que anoten todos los programas de televisión que vean durante la siguiente semana. Que lo traigan para el debate del próximo encuentro. Discutiremos sobre los programas que ven y sobre cuánto tiempo gastaron en ver televisión, comparándolo con otras actividades, como hacer la tarea, practicar deportes, comer, hablar por teléfono y dormir, entre otras.
- Una sugerencia: pedirles que cuando vean televisión, presten atención a los comerciales. ¿Qué mensaje transmiten los anuncios? Haremos una lista de los anuncios favoritos. ¿Por qué llaman su atención? Un programa de media hora de duración tiene en promedio más de diez minutos de publicidad. ¿Cómo afecta eso el modo en el que la gente piensa y gasta su dinero?

ENTONCES, ¿CUÁL ES LA DIFERENCIA?

1. ¿En qué piensas cuando escuchas la palabra *hipócrita*?

2. Si otros te dicen que no asisten a la iglesia porque está llena de hipócritas, ¿qué les respondes?

3. ¿Cómo lo ves? Señala si es *verdadero (V) o falso (F)*. Los cristianos...
   ___ Deberían actuar de forma distinta a los demás.
   ___ Deberían hablar de otra manera.
   ___ Deberían vestirse distinto.
   ___ Deberían tener otras prioridades.
   ___ En cierta manera, son hipócritas.
   ___ Si su conversión ha sido genuina, deberían actuar como verdaderos cristianos.
   ___ No son perfectos pero han sido perdonados.
   ___ Luchan por alcanzar una perfección que es imposible.
   ___ No tienen una conducta "cristiana".

4. Coloca una *X* en la escala, en el punto en el que te veas reflejado:

   ◆▬▬▬▬▬▬▬▬▬▬▬▬▬▬▬▬▬▬▬◆
   Soy muy hipócrita   Soy muy parecido a Cristo

5. ¿Qué es peor, ser un cristiano hipócrita o no ser cristiano? ¿Por qué?

6. Lee y haz un resumen de cada pasaje en tus propias palabras.
   Mateo 6:1-8

   Santiago 1:22-25

ENTONCES, ¿CUÁL ES LA DIFERENCIA? [la hipocresía]

EL TEMA DE LA SEMANA

Una de las cosas que más les cuesta a los adolescentes es que sus acciones reflejen sus creencias. Pueden tener grandes ideales, pero a la vez ser incapaces de alcanzarlos. Casi nunca ven esa dicotomía en ellos mismos, pero enseguida la detectan en los demás. Esta Conversación dinámica nos dará la oportunidad de analizar si como cristianos vivimos de acuerdo con nuestras creencias.

PARA COMENZAR

Podemos iniciar la reunión con la siguiente actividad: Leeremos algunas distintas situaciones y le pediremos al grupo que determine cuál de los protagonistas es más hipócrita. Luego haremos una lista con las posibles razones por las que algunos son peores que otros. ¿Y si los protagonistas fueran cristianos? ¿Su hipocresía sería más grave? ¿Cuál es la diferencia entre mentir y ser hipócrita? ¿Cómo calificarían las situaciones en una escala de 1 a 10 (usando el diez para las extremadamente hipócritas)?

- Susana es una gran atleta: es la jugadora estrella del equipo de básquetbol femenino. Ella vive pendiente de cuidar su cuerpo, alimentarse bien y hacer ejercicio. Hace de todo para estar en forma. Aunque piensa que la droga es mala, los fines de semana en fiestas la consume y también fuma algún cigarrillo de vez en cuando.
- Oscar no es virgen, pero su nueva novia quiere saber qué ha hecho en el pasado. Él no quiere remover todo eso, así que miente y le dice que nunca ha tenido relaciones sexuales. Piensa que la está protegiendo para no lastimarla.
- A Ana el dinero se le escurre entre las manos como agua. Ya gastó todo lo que le dieron sus padres y debe, al menos, unos $20 a cada uno de sus amigos. De todas maneras, viene a la escuela con ropa nueva. Sus papás y sus amigos se preguntan cómo es posible.
- Algunos de los amigos de Andrés miran pornografía por Internet y después hacen bromas sobre lo que han visto. Él no. Pero acepta ir a un bar donde habrá bailarinas este fin de semana. Después de todo, él cree que son dos cosas diferentes.

EL DEBATE, PREGUNTA POR PREGUNTA

1. Les pediremos a los chicos que cuenten en qué pensaron al escuchan la palabra hipócrita. ¿Qué ejemplo de conducta hipócrita recuerdan?
2. ¿Cómo responderían? ¿Qué harían para defender a la iglesia? Podríamos representar la situación y debatir cada aspecto con el grupo.
3. ¿Cómo respondieron los adolescentes? De acuerdo con las respuestas, ¿cuál es la imagen que tienen de un cristiano? Haremos un recuento de las opiniones y debatiremos cada punto con el grupo.
4. Para que esto no se vuelva algo personal, le preguntaremos al grupo en qué punto de la escala ubicarían al típico joven cristiano. ¿Por qué? ¿Y a sus amigos? Si vamos a pedir que algunos digan en qué punto se ubicaron, que responda el que quiera.
5. ¿Qué dicen estos pasajes sobre la hipocresía? ¿Cómo resumieron los jóvenes del grupo esos versículos?

EL CIERRE

Para finalizar, lanzaremos un desafío: que vivamos aquello que creemos y predicamos. Haremos un espacio para hablar del perdón de Dios. También podemos abordar el tema desde la necesidad de ser tolerantes con los demás cristianos. Dios no espera que ellos sean perfectos.
Es fácil engañar a otros y fingir ser algo que en realidad no somos. Pero Dios conoce nuestros corazones. Él nos conoce mejor que nosotros a nosotros mismos. A él nunca lo podremos engañar.

UN POCO MÁS

- En una pizarra o en una cartulina, incluiremos dos columnas tituladas "Cristianos" y "otros". Abajo, escribiremos un listado de características o estereotipos de los cristianos y de quienes no lo son. Cómo se suele presentar a los cristianos en los medios de comunicación (en la televisión y en las películas). ¿Se puede vivir una vida cristiana sin tratar a los demás como inferiores? ¿Cómo serían ellos si no fueran cristianos?
- ¿Qué puede hacer cada uno durante la próxima semana para poner en práctica su fe? Les pediremos que hagan una lista de ideas y que nos la entreguen. A la semana siguiente, las revisaremos para ver cómo les fue. ¿Resultó fácil o difícil vivir su fe? ¿Qué cambios a largo plazo deberían hacer?
- Dios es muy claro cuando dice que los cristianos no debemos juzgar a otros. Leamos y debatamos Mateo 7:1-2, Romanos 2:1, Romanos 14:10 y Santiago 4:11. ¿Qué dicen estos pasajes en cuanto a juzgar?

¡QUÉ BIEN TE VES!

1. Si pudieras cambiar una cosa de tu *apariencia*, ¿cuál sería?

2. ¿Cuáles son tus pautas al elegir cómo vestirte? Reordena la siguiente lista, empezando de lo *más importante (1) a lo menos importante (10)*.
   ___ Me siento cómodo/a de esa forma.
   ___ Solo me pongo lo que a los demás les gusta.
   ___ No quiero verme diferente de la gente de mi edad.
   ___ Quiero que me miren.
   ___ Quiero honrar a Dios.
   ___ Yo me pongo lo que me gusta, porque compro mi propia ropa.
   ___ Me visto así para quedar bien con mis padres.
   ___ Me visto así para lucir mi cuerpo.
   ___ Quiero dar una buena impresión.
   ___ Me pongo cualquier cosa que encuentre limpia.

3. ¿Qué te parece? *¿Es verdadero (V) o falso (F)?*
   ___ Si te queda bien, póntelo.
   ___ La gente me juzga por mi apariencia.
   ___ Por lo general, estoy consciente de cómo me veo.
   ___ Me visto así para llamar la atención.
   ___ Está bien seguir la moda.
   ___ La mayoría de las personas están acomplejadas por su apariencia.
   ___ La apariencia de otra persona no afecta mi opinión sobre ella.
   ___ La gente linda tiene mayores ventajas.
   ___ Está bien hacerse una cirugía plástica para mejorar la apariencia.
   ___ Vale la pena arriesgar la salud para perder peso.

4. ¿Cómo calificarías las siguientes categorías? *A Dios le importa (1), a Dios le importa poco (2), a Dios le importa porque me importa a mí (3), a Dios no le importa (4)*.
   ___ Mi estilo de ropa
   ___ Mi peinado
   ___ Mi higiene personal
   ___ Mi estatura
   ___ Si me maquillo
   ___ Mi peso
   ___ Mi apariencia física
   ___ Mi atractivo sexual
   ___ Mi salud en general
   ___ Cuánto dinero gasto en mi apariencia

5. Escoge uno de los siguientes versículos, y reescríbelo con tus propias palabras.
   I Samuel 16:7   Proverbios 31:30   Salmo 147:10-11

¡QUÉ BIEN TE VES! [la apariencia física]

EL TEMA DE LA SEMANA

Verse bien hoy es una de las mayores presiones que tienen los jóvenes: la televisión, la radio, los amigos, los padres, los novios... todos nos imponen que tengamos una buena apariencia. No es para asombrarse entonces que tantas adolescentes sean víctimas de desordenes alimenticios tales como la bulimia y la anorexia. Es una sociedad obsesionada por verse bien y encajar. Esta Conversación dinámica les da a los jóvenes del grupo la oportunidad de hablar acerca de la apariencia física y discutir cómo la actitud que ellos tomen afectará a los demás.

PARA COMENZAR

Los medios de comunicación ejercen la principal influencia sobre cómo debemos vernos. Les pediremos a los chicos que recorten al menos dos fotografías de revistas o periódicos que hagan énfasis en la apariencia física. Esta actividad puede hacerse durante el encuentro o pedir a los jóvenes que las traigan de sus casas. ¿Qué anuncios, artículos, fotografías o estadísticas encontraron al respecto?

Veremos los distintos ejemplos y debatiremos acerca de cómo cada uno lidia con su apariencia física. En la mayoría de los anuncios es la apariencia de la persona la que vende el producto. ¿Qué muestra la fotografía? ¿Cómo hace sentir al lector? ¿Cuál es la solución?

Tal vez puedas hablar acerca de cómo influyen los medios de comunicación en la valoración que hacemos de nuestra propia apariencia. ¿Podemos tener una perspectiva saludable de nosotros mismos en una cultura que convierte en ídolos a las personas bellas? ¿Cómo se hace para verse bien y sentirse bien sin caer en extremos?

EL DEBATE, PREGUNTA POR PREGUNTA

1. No todos querrán leer en voz alta sus respuestas. Quizás si los jóvenes se sienten cómodos, algunos quieran hacerlo. Comenzaremos por nuestra propia respuesta. ¿Hay algo que pueda hacerlos cambiar de opinión?
2. Este punto hará que los adolescentes reflexionen sobre por qué se visten de ese modo. La mayoría dice que no quiere ser uno más, aunque su apariencia refleje lo contrario.
3. El tema de la apariencia personal puede resultar difícil de abordar. Trataremos este punto de un modo general, para que nadie se sienta incómodo. No pediremos ejemplos personales, aunque tal vez surjan espontáneamente. Y no tengamos temor de que aparezcan sentimientos de tristeza o frustración en muchos de los jóvenes a causa de su apariencia. Sin dudas, todos tenemos ciertos complejos acerca de nuestro físico y eso es normal. Debemos hacer énfasis en que fueron creados por un Dios que los hizo únicos. Recomendamos tratar con mucha sensibilidad el tema de dañar el cuerpo para bajar de peso. La cantidad de chicas adolescentes que sufren de anorexia o bulimia es alarmante. Por eso, tengamos cuidado de no poner en evidencia ni ridiculizar a quienes puedan padecer alguno de esos desordenes.
4. Este punto nos llevará a debatir acerca de cuánto le importa a Dios nuestra apariencia. También aquí mantendremos la discusión en términos generales y sin obligar a nadie a participar.
5. Sería útil dividir a los jóvenes en grupos más pequeños y que cada uno tome un pasaje. Luego compararemos los resultados.

EL CIERRE

¡Tendremos mucho para decir a modo de conclusión sobre este tema! Haremos énfasis en que es bueno tratar de verse bien y cuidar el cuerpo. Pero los jóvenes no deberían obsesionarse con su apariencia. Dios quiere que nos cuidemos tanto por fuera como por dentro. Esto significa que podemos vernos bien exteriormente, pero ¿cómo está nuestro interior? ¿Los jóvenes invierten dedicación, tiempo y esfuerzo en mejorar su carácter? ¿Cómo son y cómo ven los demás su manera de ser? ¿Permiten que Dios obre en sus corazones y mentes? ¿Cómo pueden equilibrar el querer verse bien y el convertirse en mejores personas?

UN POCO MÁS

- ¿Qué hace la gente para tratar de cambiar su apariencia física? Programemos una lluvia de ideas y hagamos una lista con las respuestas. Por ejemplo: dieta, cirugía plástica, lipoaspiración, consumo de esteroides, levantamiento de pesas y desórdenes alimentarios, entre otros. ¿Esto los hace sentir mejor con ellos mismos? ¿Qué creemoss que piensa Dios acerca de invertir tiempo y dinero en esas cosas?
- Es probable que algunas chicas del grupo tengan desórdenes alimentarios. Podríamos plantear el tema de cómo superarlos. Encontraremos más información en la American Anorexia Bulimia Association, Inc. (www.aabainc.org) o en The Center for Eating Disorders (www.eatingdisorders.com). Animemos a los que tengan estos problemas a pedir ayuda de inmediato, haciendo énfasis en el daño que estos desordenes causan a las relaciones y a la salud física y emocional. Que sepan que nosotros estamos para ayudarlos, y que Dios entiende las presiones a las que se ven sometidos por tratar de encajar y verse bien.

¿DE QUÉ SE TRATA?

1. En tus propias palabras, define qué es un *cristiano*.

2. ¿Qué piensas al respecto? ¿Esto es *verdad (V)* o *mentira (M)?*
   ___ Si los padres de un chico son cristianos, él también lo será.
   ___ Si una persona no es cristiana irá al infierno.
   ___ Hay muchas religiones buenas y el cristianismo es solo una de ellas.
   ___ Una vez que alguien se convierte, siempre será cristiano.
   ___ Puedes ser cristiano aunque dudes de Dios o de lo que dice la Biblia.
   ___ La principal ventaja de ser cristiano es ir al cielo.
   ___ Los cristianos pueden estar en desacuerdo en la interpretación de la Biblia.
   ___ La forma en la que uno vive indica si es o no cristiano.
   ___ Los cristianos no se divierten tanto como los no cristianos.

3. Indica con una flecha los requisitos para ser cristiano:

   Estar bautizado   Haber nacido de nuevo
   Haber sido confirmado   Pertenecer a una iglesia
   Aceptar a Cristo como Salvador   Leer la Biblia y orar todos los días
   Creer que la Biblia es verdad   Donar dinero a la iglesia
   Creer que Jesús nació de una virgen   Tomar la primera comunión
   Ir a la iglesia todos los domingos   Arrepentirse de los pecados
   Vivir sin pecado   Amar a Dios y al prójimo
   Verse como un cristiano   Creer en Jesús

4. ¿Son ciertas las siguientes afirmaciones en tu propia vida? Califícalas con un porcentaje (0% *"nada"* y 100% *"sí, así soy yo todo el tiempo"*)
   ___ Trato de glorificar a Dios con todo lo que hago (*Mateo 6:33*).
   ___ Me esfuerzo por seguir a Cristo en lugar de mis propios deseos (*Mateo 16:24*).
   ___ Amo al Señor con todo mi ser (*Mateo 22:37*).
   ___ Me intereso y amo a los demás tanto como a mí mismo (*Mateo 22:39*).
   ___ Amo a Dios y tengo la seguridad de que me llamó para ser un cristiano (*Romanos 8:28*).
   ___ Obedecer a Dios es la prioridad de mi vida (*Romanos 12:1-2*).

¿DE QUÉ SE TRATA? [cristianismo básico]

EL TEMA DE LA SEMANA

Esta Conversación dinámica ha sido diseñada para explorar las ideas básicas que tienen los jóvenes acerca del cristianismo. Quizás entre ellos haya distintos niveles de crecimiento espiritual y tal vez tengamos que agregar preguntas según sea el grupo. Podríamos hacer énfasis en algunas enseñanzas o doctrinas dentro del contexto de este debate.

Para esta reunión es fundamental la preparación de esta actividad. Sugerimos completar de antemano la guía y revisar en la Biblia todas aquellas preguntas sobre las que no estemos seguros. Asimismo, preparémonos para tratar con jóvenes que no conocen conceptos como nacer de nuevo, ser bautizados, o pedirle a Jesús que entre en el corazón. ¡No presupongas que los adolescentes del grupo entienden eso! Probablemente tengamos que explicar algunos de esos términos.

PARA COMENZAR

¿Los jóvenes del grupo nos escuchan? ¿Cuánto saben? Para averiguarlo podemos pedirle a un líder o a un pastor de la iglesia que prepare un mensaje de cinco minutos. Deberá contener algunas verdades a medias que no sean bíblicamente correctas. Estas "medio verdades" deben ser sutiles, de modo que a los jóvenes no les resulten obvias. De antemano, podemos decirles a los jóvenes que anoten las ideas con las que no están de acuerdo. Luego revisaremos si advirtieron los conceptos cuestionables del sermón.

Otra posibilidad es hacer una trivia bíblica. Nos sorprenderá descubrir cuánto saben y cuánto no. Si quieren preparar algunas preguntas de antemano, pueden visitar www.biblequizzes.com o www.bible-trivia.com. Dividiremos al grupo en dos equipos y por turnos les haremos preguntas. El equipo con más puntos ganará el juego.

EL DEBATE, PREGUNTA POR PREGUNTA

1. Los jóvenes pueden tener distintas definiciones acerca de lo que es ser cristiano. Que cada uno pueda exponer la suya. Si utilizan palabras con connotación religiosa, que expliquen qué significan. Por ejemplo, ¿qué quiere decir ser salvo? Tal vez podamos elaborar un listado de definiciones entre todos.
2. Estas afirmaciones fueron hecha para estimular el debate sobre la vida cristiana, las doctrinas básicas, y las enseñanzas particulares de la iglesia. No nos preocupemos si nos queda algún punto sin resolver o si no se llega a un consenso.
3. Leeremos este punto en voz alta para determinar cuáles son los requisitos para ser un cristiano. Puedes buscar de antemano versículos bíblicos que sustenten esas creencias. Debemos tener cuidado de no terminar con una larga lista que haga del cristianismo una religión legalista.
4. Leeremos los pasajes bíblicos y les pediremos que en secreto escojan un porcentaje. Para la discusión, podemos hacer una lluvia de ideas para mejorar en cada área mencionada. Que los jóvenes sean lo más específicos que puedan.

EL CIERRE

Explicar, animar e invitar, esas son las claves. Quizás algunos de los jóvenes necesiten tener una conversación personal con nosotros acerca de qué significa ser cristiano. Esta es una puerta abierta para que les presentemos el evangelio y la salvación por medio de Jesús. Ninguna pregunta es tonta, ¡no tienen que entender todo para ser cristianos! Incluso los teólogos más importantes tienen dudas y no conocen todas las respuestas. ¿Qué es lo que realmente importa a la luz de todo esto? Kart Barth dijo: "Jesús me ama, esto sé, porque la Biblia lo dice así".

Animaremos a los jóvenes a crecer en fe, a leer la Biblia y a hablar con Dios por medio de la oración. Como cristianos, tienen un regalo para dar: el mensaje del amor de Dios y de la salvación. Si quieren comprender mejor el cristianismo, necesitan conocer más a Dios. Intentaremos darles herramientas para que aprendan más de la fe. Pueden ser libros devocionales o programas de lectura bíblica, grupos de estudio bíblico... todo aquello que los impulse a andar con Dios.

UN POCO MÁS

- ¿Los jóvenes del grupo saben qué es un credo? ¿Tienen ellos un credo personal? Que escriban una declaración de sus creencias. Pueden ponerla en un lugar visible, desde donde leerla cuando tengan dudas o cuando la gente cuestione lo que ellos creen.
- Es importante que cada joven tenga metas espirituales. Que cada joven escriba una carta en la que mencione cuáles son las suyas y cuánto quisiera crecer como cristiano. Les daremos sobres a los chicos para que pongan su dirección y les coloquen estampillas. Se los enviaremos por correo en seis meses o un año.
- Tal vez sea oportuno que los jóvenes investiguen un poco sobre las doctrinas cristianas. Los posibles temas son la santificación, la conversión, la gracia, la justificación, y la creación. Algunos pueden resultar muy complejos de explicar, no los sobrecargues. Otra posibilidad es que trabaje todo el grupo.

BEBAMOS, BEBAMOS...

1. Marca con una *X* tu opinión sobre el alcohol

   | Beber alcohol es un pecado y está mal | A veces está bien, a veces no | ¡Vamos! No hay nada malo en ello |

2. ¿Cuándo está bien tomar alcohol? Haz una marca en las tres respuestas que consideras principales.

   Nunca
   Cuando estás en una fiesta
   Cuando necesitas despejarte
   Cuando comes una buena cena
   Cuando estás participando de la Cena del Señor en la iglesia
   Cuando tienes sed

   Cuando estás con tus amigos
   Cuando ya tienes la edad legal para hacerlo
   Cuando tus padres te dan permiso
   Cuando quieras, si es con moderación
   Cuando estás en casa
   Cuando estás deprimido

3. ¿Cuál es tu opinión al respecto? Responde *sí (S)*, *no (N)* o *tal vez (T)*.
   ___ El alcohol es una droga como la marihuana, la cocaína o la heroína.
   ___ No hay nada de malo en tomar, si no te emborrachas.
   ___ Si no tomas, la gente piensa que no eres sociable o no estás en la onda.
   ___ La ley no debería prohibir que los adolescentes tomaran cerveza y vino.
   ___ El punto de vista de la iglesia sobre el consumo de alcohol es de otra época.
   ___ Todos los adolescentes deberían probar el alcohol al menos una vez para ver qué gusto tiene.

4. La vida de Judit parece desmoronarse. Ella y su madre nunca se han llevado bien, su padre murió hace muchos años, y su padrastro se fue de casa el fin de semana pasado. Esta noche su madre le dijo que tenía que trabajar hasta tarde, pero Judit sabe que no es cierto: su madre tiene un novio nuevo. Judit está sola en su casa y se siente deprimida. Va a la cocina y saca unas botellas. Unos cuantos tragos no le harán daño.
   a. ¿Alguna vez te has sentido así? ¿Cuándo?
   b) ¿Qué harías si fueras Judit?
   c) ¿Qué podría hacer en lugar de tomar?

5. Consulta los siguientes pasajes, y escribe una paráfrasis de alguno con tus propias palabras.
   Isaías 5:11-12
   1 Corintios 6:12-13
   Ephesians 5:18

¡BEBAMOS, BEBAMOS! [el alcohol]

EL TEMA DE LA SEMANA

El alcohol está muy presente en la vida de los jóvenes. Ellos ven cómo se consume, escuchan hablar de él, y observan que la televisión, la radio e Internet lo presentan como algo divertido. Los jóvenes de todas las edades consumen cada vez más alcohol. Desde vino hasta licores fuertes o whisky. Esta guía para Conversaciones Dinámicas proporcionará un foro de discusión acerca del consumo de alcohol y de cuál debería ser la conducta de los jóvenes cristianos.

PARA COMENZAR

Comenzaremos por preguntar qué piensen acerca de los eslóganes de las marcas de cerveza que recuerden de la televisión, de la radio, de películas, de Internet o de cualquier otra fuente. Tal vez podamos llevar algunos de esos comerciales grabados para pasarlos ante al grupo. Discutiremos si los adolescentes en general prestan atención a los comerciales y a cómo presentan el alcohol. ¿Cómo se vende el licor? ¿Son estos comerciales buenos, malos, verdaderos? Nos asombrará saber la cantidad de comerciales de bebidas alcohólicas que los jóvenes del grupo recuerdan. Haremos una lista en una pizarra o en una cartulina grande.

Durante el debate, asegurémonos de controlar el tono de la discusión y de escuchar con atención la opinión de cada miembro del grupo. Aunque nos sintamos tentados a opinar, no lo hagamos todavía. Les daremos tiempo para que hablen y puedan estar listos luego para escuchar lo que tenemos para decirles. Les pediremos que respeten las opiniones de los demás. Este puede ser un tema muy delicado, según sea el grupo, así que pondremos todo de nuestra parte para que la discusión avance por carriles positivos.

EL DEBATE, PREGUNTA POR PREGUNTA

1. Dibujaremos la escala, para marcar las respuestas de los jóvenes. Escucharemos las opiniones y daremos lugar al debate.
2. Que elijan por votación cuándo les parece permitido beber alcohol. Tendrán tiempo para defender sus opiniones. ¿A qué edad debería estar permitido tomar alcohol? Leeremos nuevamente la lista y anotaremos las respuestas.
3. Podemos separar a los jóvenes en grupos, en función de sus respuestas, para luego debatir las afirmaciones. Es una buena oportunidad para que escuchemos de primera mano lo que piensan los jóvenes del grupo. Apuntaremos a las consecuencias de tomar alcohol. ¿Qué produce en las familias, entre los amigos, entre los padres? ¿Y en cada uno, tanto física como emocionalmente? Tal vez podamos dar ejemplos de gente conocida (sin mencionar sus nombres) y pedirle al grupo otros ejemplos anónimos.
4. Esta pregunta genera tensión y explora algunas de las razones por las que la gente toma, tales como el escapismo y el estrés. ¿Puede ocurrirles esto a ellos? ¿Por qué?
5. Después de leer estos pasajes, hablaremos acerca de lo que dice la Biblia sobre el alcohol. Con toda seguridad los jóvenes de nuestro grupo se preguntarán si Jesús tomó vino, por qué convirtió el agua en vino, y si esos versículos se aplican hoy.

EL CIERRE

Los jóvenes hoy asocian la diversión con el alcohol o las drogas. Ir a una fiesta, para la mayoría de los adolescentes, es sinónimo de emborracharse. Es importante hablar acerca de los peligros de beber, y no solo de las implicaciones morales. Tomar arruina vidas, destruye familias, y causa miles de muertes cada año. Los adolescentes que están en la secundaria son especialmente vulnerables a desarrollar adicciones. Algunos expertos dicen que a un adulto le toma seis meses convertirse en adicto, pero que a un adolescente le lleva solo seis días. Tomar es muy peligroso, sobre todo durante los años de crecimiento. El alcohol puede afectar el desarrollo del cerebro y causar daños permanentes.

Decirle no al alcohol, y a cualquier presión del grupo, requiere mucha disciplina. Requiere ser una persona fuerte, que se mantiene firme en sus decisiones y cuida su cuerpo y mente. El dominio propio es uno de los frutos del Espíritu Santo. Los jóvenes no están solos. Pueden pedirle a Dios fortaleza y sabiduría para decir que no. Nada es demasiado difícil para Dios; él quiere y puede ayudarlos.

UN POCO MÁS

- Pidámosles a los jóvenes que nos traigan ejemplos de cómo los medios de comunicación presentan el alcohol. Podrán grabar fragmentos de algún programa de televisión, o de anuncios, de canciones u otros mensajes alusivos. Hablaremos sobre el bombardeo de mensajes al que están expuestos para lograr que consuman alcohol. ¿Cómo presentan los medios el consumo? ¿Alguna vez mencionan sus consecuencias o sus peligros?
- Podemos tomarnos un tiempo para hablar acerca del alcoholismo. Es un problema que afecta a muchas familias, incluso cristianas. Hablaremos de sus riesgos y de cómo darnos cuenta cuando alguien es alcohólico. Es importante destacar que aunque alguien esté borracho, no tiene derecho a golpear o abusar de otros. Si alguno de los jóvenes del grupo es víctima de una situación semejante, debe saber que puede hablarlo con nosotros o con algún otro adulto de confianza. Para más información sobre el alcoholismo, podemos visitar NIAAA (www.niaaa.nih.gov).

QUIERO MÁS

1. Si tuvieras *dinero sin límite*, ¿qué te comprarías ahora mismo?

2. ¿Cuáles de las siguientes frases señalan algo que te ha ocurrido o te ocurre?
   - ❑ Gasté dinero para impresionar a alguien.
   - ❑ Me serví más comida de la que voy a comer.
   - ❑ Fui de compras con dinero de mis papás.
   - ❑ He deseado tener algo que no puedo comprar.
   - ❑ Siento celos de alguien que tiene cosas que yo no tengo.
   - ❑ A veces salgo de compras solo para divertirme.

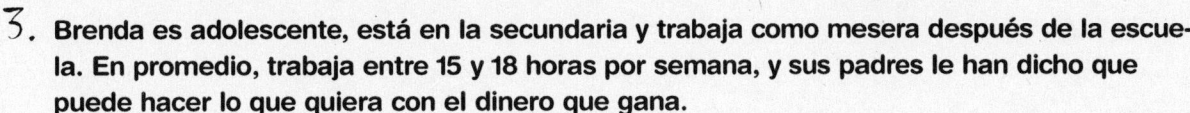

3. Brenda es adolescente, está en la secundaria y trabaja como mesera después de la escuela. En promedio, trabaja entre 15 y 18 horas por semana, y sus padres le han dicho que puede hacer lo que quiera con el dinero que gana.

    ¿Qué harías tú con el dinero si fueras Brenda?

    ¿Crees que sus padres hicieron bien?

4. ¿Qué piensas acerca de estas afirmaciones? Responde *sí (S), no (N) o tal vez (T)*.
   ___ Cada uno tiene lo que merece.
   ___ La gente tiene derecho a ganar todo el dinero que pueda.
   ___ Los habitantes de regiones pobres merecen un poco de lo que nosotros tenemos.
   ___ El dinero es la raíz de todos los males.
   ___ La gente debería compartir lo que tiene con los demás.
   ___ Ser rico es una bendición de Dios.
   ___ Es pecado gastar mucho dinero en uno mismo y en cosas que realmente no son necesarias.
   ___ Es posible ser materialista sin ser rico.
   ___ Los jóvenes deberían poder trabajar todo lo que quisieran.
   ___ Es importante dar los diezmos a la iglesia.

5. Lee los siguientes versículos. ¿Qué dice cada pasaje acerca del *materialismo*?
   - 1 Samuel 2:7-8
   - Salmo 37:7-9
   - Mateo 6:19-21
   - Marcos 8:34-36

¡QUIERO MÁS! [el materialismo]

EL TEMA DE LA SEMANA

Los jóvenes están sobresaturados de mensajes por parte de una cultura que valora el dinero y las posesiones más que a las personas. Los jóvenes del grupo sufren presiones en cada lugar donde se encuentran. Tomemos por ejemplo los centros comerciales. Son uno de los lugares que más eligen los chicos para pasar el tiempo. Los jóvenes gastan mucho dinero en CDs, videojuegos, películas y ropa. Desafortunadamente, no se ha hecho mucho para enseñarles sobre el materialismo y los peligros de convertirse en personas que siempre quieren tener más. Este encuentro les servirá para darse cuenta de lo materialista que es el mundo en el que vivimos.

PARA COMENZAR

Podemos comenzar pidiéndole a los miembros del grupo que hagan una lista de todas las cosas materiales que ellos o su familia tienen. Esto quiere decir todo: camas, televisores, radios, CDs, videojuegos, y tantas otras cosas. Tomaremos nota en una pizarra o en una cartulina. Resultará una lista sumamente extensa. Algunas familias tendrán un solo objeto de cada clase, como, por ejemplo, un televisor y una radio. Eso nos servirá para que nos demos cuenta de todo lo que tenemos: mucho de lo cual no es necesario para sobrevivir. Marcaremos con un círculo aquellas cosas que son indispensables para la supervivencia (¡que no son tantas!).

¿Queremos otra idea? Juguemos a *El precio justo*, con fotografías de artículos de poco valor, recortadas de alguna revista. Si el grupo es muy grande, podemos formar equipos para permitir que todos jueguen. Entonces le pediremos a cada persona o a cada equipo que adivine cuánto cuesta cada artículo. El que acierte, o esté más cerca, ganará un punto o cierta cantidad de dinero. Podemos jugarlo como queramos; todo depende del tiempo de que dispongamos. El equipo que termine con más puntos o más dinero, será el ganador.

EL DEBATE, PREGUNTA POR PREGUNTA

1. Hagamos una lista de todo lo que los jóvenes han expresado querer. Entre todos intentaremos discriminar aquellas cosas que en realidad se necesitan de las que solo se quieren tener por gusto.
2. Que el grupo opine acerca de si es difícil vivir en una cultura materialista. Podemos abordar los distintos sentimientos que experimentamos acerca del dinero y de la riqueza. ¿Cómo manejan los chicos la culpa, los celos, el orgullo y otras cuestiones semejantes?
3. Esta situación abrirá el debate sobre ciertos puntos importantes: ¿Un adolescente que estudia debería trabajar de 15 a 18 horas por semana? ¿Los padres de Brenda son muy permisivos? ¿Deberían pedirle que se comprara sus cosas, su ropa, su maquillaje? ¿Brenda tiene que dar el diezmo?
4. Que los jóvenes voten por cada una de estas afirmaciones, basándose en las respuestas que ya han escrito. Cuando la mayoría se ponga de acuerdo en una de las respuestas en particular, pasaremos a la siguiente. Si hay mucha divergencia de opiniones, les pediremos que cada uno defienda su punto de vista.
5. Algunos de los jóvenes tendrán que leer en voz alta sus versiones personalizadas de los pasajes. Luego elegiremos uno de esos pasajes (o más) para debatir en profundidad.

EL CIERRE

El materialismo es una trampa y resulta muy fácil quedar atrapado en él. El dinero no compra la felicidad. La Biblia enseña que el amor al dinero es idolatría y dice que "nadie puede servir a dos señores" (Mateo 6:24). El dinero compra muchas cosas, pero hay otras que solo Dios da: felicidad, gozo, amor, paz y sobre todo, la vida eterna.

Discutiremos con el grupo cómo vivió Jesús y analizaremos el desafío que les lanzó a sus discípulos de dejar todo para seguirlo. Aunque hoy los tiempos son diferentes, Cristo aun nos llama a seguirlo y a dejar todo lo demás atrás. Él nos dará lo que necesitemos (y todavía más) si confiamos en él y lo seguimos.

¿Qué pueden hacer los jóvenes para optar por un estilo de vida menos materialista? A través de una lluvia de ideas obtendremos sugerencias sobre lo que pueden hacer para lograr pequeños cambios.

UN POCO MÁS

- Allá afuera hay muchas personas que necesitan ropa, comida y amor cristiano. Podemos planificar un proyecto de servicio para ayudar a los necesitados. Puede ser un proyecto de envergadura, como viajar a otra ciudad, región o país, o algo más pequeño, como recolectar ropa y comida y donarlos a las obras de caridad o a algún albergue.
- Podemos pedirle a algunos de los miembros del grupo que busquen artículos de revistas o periódicos relacionados con el gasto de dinero, el ahorro, o cómo volverse rico. ¿Cómo influyen los medios de comunicación? ¿Qué mensajes dan la televisión, la radio o Internet? ¿La saturación publicitaria influye en la conducta de los jóvenes?
- ¿Cómo gastan los jóvenes del grupo su dinero? Propongámosles llevar un registro escrito de cada gasto que hagan durante la próxima semana. Luego hablaremos acerca de qué compraron y si en realidad lo necesitaban o solo querían tenerlo. ¡Se sorprenderán al ver cómo han gastado su dinero!

MÚSICA PARA MIS OJOS

1. Menciona *tres palabras* que describan a los videos musicales.

2. ¿Ves videos musicales?
   ❏ Sí, a diario
   ❏ Tres o cuatro veces por semana
   ❏ Una o dos veces por semana
   ❏ De vez en cuando
   ❏ Nunca

3. ¿Cómo defines si un video *es apropiado o no*?

4. Menciona algún video musical popular que hayas visto. ¿Cómo lo calificarías en una escala de 1 a 10 *(1= totalmente bueno y 10 = sumamente malo y vergonzoso)*.

5. ¿Qué te parece? Responde: *siempre (S), a veces (A),* o *nunca (N)*.
   ___ No me parece que los videos musicales tengan mucho sentido.
   ___ Los jóvenes no se toman los videos tan en serio como los padres.
   ___ Los videos musicales no tienen nada que ver con la canción.
   ___ Los videos musicales explotan a las mujeres.
   ___ Los padres deberían ver videos musicales para entender mejor a los jóvenes.
   ___ Los videos musicales son demasiado violentos.
   ___ Los videos musicales son divertidos.
   ___ Ver videos musicales afecta mis valores.

6. Elige uno de los siguientes pasajes bíblicos, y haz un resumen en tus propias palabras.
   Gálatas 5:13
   Efesios 5:15-17
   Filipenses 4:8
   Colosenses 2:8

MÚSICA PARA MIS OJOS [los videos musicales]

EL TEMA DE LA SEMANA

Hoy muchos de los mensajes dirigidos a los jóvenes tienen formato de video clip: en los canales de televisión, la publicidad, las películas y los contenidos de Internet. No hay duda de que los videos musicales son parte fundamental de la cultura visual e interactiva de hoy.

Con todos estos factores cambiantes, es importante que hablemos acerca de los videos que los jóvenes ven, y de cómo influyen sus conductas y sus decisiones futuras.

PARA COMENZAR

Tenemos distintas opciones para comenzar este debate:
- Grabar o alquilar algunos videos musicales. Mirar canales de televisión como MTV, TeleHit y otros. Solo tenemos que asegurarnos de ver con anticipación todo el video antes de proyectárselo al grupo.
- Podemos grabar algunos anuncios de televisión que incluyan video clips. La mayoría de los canales de televisión y los de mini series suele pasarlos. Los miraremos todos juntos. Les preguntaremos si les ha gustado. ¿El video tenía que ver con el anuncio?
- Se pueden descargar videos de Internet (www.mp3.com). Generalmente no tienen tan buena calidad como la imagen de la televisión, pero a veces son más fáciles de conseguir. !

EL DEBATE, PREGUNTA POR PREGUNTA

1. Pidamos a los jóvenes que cuenten qué han elegido. Formemos dos columnas con sus respuestas: lo positivo y lo negativo.
2. Realicemos una votación para saber quiénes miran videos musicales con más frecuencia. ¿Los ven en la televisión, en un CD en la computadora o por Internet?
3. Que discutan sus ideas y lleguen a un consenso grupal. ¿Por qué es importante discernir lo que vemos?
4. Estos adolescentes han crecido con los videos musicales. No presupongamos que comprenden por qué algunas de las coreografías, de las imágenes, o de las letras son inconvenientes. Quizás haga falta que demos algunas explicaciones durante los videos. Sería bueno que miráramos algún programa que presente los videos más populares de la semana. Estas canciones seguramente aparecerán durante el debate y los chicos respetarán más nuestras opiniones si estamos familiarizados con las canciones de moda.
5. Que los jóvenes voten y expongan sus opiniones. Recordemos que es necesario escucharlos cuidadosamente, sin atacar aquellas opiniones que nos parezcan cuestionables.
6. Tal vez sería bueno elegir uno de estos pasajes, parafrasearlo y leerlo a los demás en voz alta. ¿Cómo se aplican estos versículos a los videos musicales?

EL CIERRE

Los video clips están en todas partes. Para cerrar, discutiremos sobre el impacto que tiene la música cuando los jóvenes pueden ver y oír al mismo tiempo. Los adolescentes deben decidir con sabiduría qué videos ver. Ellos eligen aquello con lo que desean cargar su mente y su cuerpo. Es fundamental hacer buen uso del tiempo. ¿Los jóvenes de nuestro grupo creen que ver videos es hacer un buen uso del tiempo?

Finalmente, los videos musicales interpretan las canciones. ¿Eso es bueno o malo? ¿Limita la imaginación y anula la libre interpretación de una canción? ¿A los jóvenes les hace cambiar de parecer ver un video? ¿Cómo funciona esto?

UN POCO MÁS

- Existe una delgada línea entre las bandas seculares y las cristianas. Algunas bandas cristianas incluso la han cruzado y entrado al mundo secular. Algunas tocan canciones que reflejan valores cristianos o hacen referencia a Dios. Otras tienen integrantes que van a la iglesia, pero no hacen música cristiana. Debatiremos con el grupo acerca de cómo creen ellos que debería ser una banda cristiana. ¿Qué piensan sobre los cristianos que integran grupos seculares? ¿Y sobre aquellos artistas que se pasan a la música secular? Podemos consultar la revista Plugged In www.family.org/pplace/pi (de Enfoque a la Familia / Focus on the Family) o www.youthspecialties.com para obtener más información adecuada para el debate. Encontraremos allí noticias recientes de la cultura juvenil y de la música cristiana.
- Podemos llevar una canción para que el grupo escuche. Les pediremos que escriban lo que piensan. ¿Qué ocurre en la canción? ¿De qué se trata? ¿Qué imágenes aparecen en sus mentes? Luego mostrémosles el video. ¿Ver el video nos lleva a cambiar de opinión con respecto a la interpretación de la canción? ¿De qué modo el "ver la música" ha cambiado la canción?

EL GRAN LIBRO

1. ¿Cómo completarías esta frase? Para mí la Biblia es...
   - ❑ Interesante y llena de emoción. Es mi libro favorito.
   - ❑ Interesante la mayoría de las veces.
   - ❑ A veces es interesante, y a veces aburrida.
   - ❑ Aburrida la mayor parte del tiempo, y difícil de entender.
   - ❑ Totalmente aburrida e irrelevante. Nunca la leo.

2. ¿Cuál es tu *historia bíblica favorita*? ¿Por qué?

3. Tacha aquellas declaraciones que crees que no figuran en la Biblia.
   a. Al que madruga, Dios lo ayuda.
   b. La venganza nunca es buena, mata el alma y la envenena.
   c. Todo lo puedo en Cristo que me fortalece.
   d. Todas las cosas ayudan a bien a los que aman a Dios.
   e. Al que anda entre la miel, algo se le pega.
   f. No juzgues para no ser juzgado.
   g. El que no arriesga no gana.

4. ¿Qué opinas con respecto a estas afirmaciones? ¿Estás *de acuerdo (A)* o *en desacuerdo (D)?*
   ___ La Biblia es un libro de reglas.
   ___ La ciencia no ha probado que la Biblia esté desactualizada.
   ___ La Biblia contiene contradicciones.
   ___ El Antiguo Testamento no se aplica al mundo de hoy.
   ___ La Biblia es un libro de mitología.
   ___ Cualquien traducción de la Biblia es aceptable.
   ___ La tradición de la iglesia es tan importante como la Biblia.
   ___ El tema principal de la Biblia es Jesucristo y la salvación.
   ___ La Biblia demuestra que existe Dios.
   ___ La Biblia puede ser interpretada literalmente.
   ___ La Biblia es el único libro que necesitas leer.

5. ¿Qué dicen los siguientes versículos acerca de leer la Biblia?

   Salmo 1:1-3   Salmo 119:9-16   Juan 14:26   Santiago 1:21-24   1 Pedro 2:1-3

EL GRAN LIBRO [la Biblia]

EL TEMA DE LA SEMANA

La Biblia no ha cambiado en miles de años. Pero los jóvenes, la cultura y el mundo sí han cambiado drásticamente. A veces es difícil aplicar la Biblia a nuestros días. Algunos jóvenes no creen que la Biblia sea la Palabra de Dios o que tenga autoridad sobre sus vidas. Este encuentro nos dará la oportunidad de debatir acerca de la Biblia, lo que los jóvenes de hoy piensan de ella, y cómo los cristianos deberían usarla.

PARA COMENZAR

Para empezar, tomaremos una prueba. Escribamos los siguientes libros en una pizarra o en una cartulina que todos puedan ver. Los chicos deberán decidir cuáles de ellos están en la Biblia y cuáles no. (Por su puesto, no vale consultar el índice de sus Biblias.)

Ezequías	Timoteo	Deuteronomio
Filipenses	Mateo	Obadías
Romanos	Uzías	Silas
Hechos	Nahúm	Bartolomé
Lamentaciones	Judas	

Otra opción es que tomemos un breve examen sobre la Biblia, con preguntas referidas a personajes bíblicos, para determinar cuánto saben.

EL DEBATE, PREGUNTA POR PREGUNTA

1. Les daremos a los jóvenes la oportunidad de ser sinceros sobre sus sentimientos con respecto a la Biblia, sin emitir nosotros ningún juicio de valor. Muchos jóvenes piensan que la Biblia es aburrida.
2. Que cada uno mencione cuál es su historia bíblica favorita. ¿Cuál es el mensaje de Dios en esas historias?
3. Quizás sería útil que los chicos utilizaran una concordancia o algún otro recurso bíblico para comprobar cuáles de estas afirmaciones están en el texto. Las frases a, b, e y g no figuran en la Biblia. La c está en Filipenses 4:13; la d, en Romanos 8:28 y la f en Mateo 7:1.
4. Que voten sobre cada afirmación en el orden en que las escribieron en la guía de trabajo. Cuando se logre un consenso general sobre alguna, pasemos a la siguiente. Si hay diferencia de opiniones, debatamos sobre ellas.
5. ¿Cómo se aplican estos versículos a la vida de los jóvenes? Tal vez podamos reservar uno o dos para más adelante.

EL CIERRE

La Biblia es el libro más vendido en todo el mundo. Es el libro más buscado en los países en los que no se encuentra disponible. Incluso, está prohibido en muchos países. La Biblia es una carta de Dios para nosotros. A través de ella nos provee una gran cantidad de información importante para que la leamos y estudiemos.

Usemos una lluvia de ideas para descubrir maneras en que los jóvenes puedan relacionarse con la Biblia. Hay versiones estudiantiles que podríamos recomendar. Deberíamos animarlos a encontrar la versión de la Biblia que les resulte más adecuada para su estudio. Si la versión Reina Valera, o la NVI resultan demasiado difíciles para ellos, ayudémoslos a buscar una versión popular, más comprensible.

Una buena manera de empezar es leer algunos párrafos cortos, unos cuantos versículos o un capítulo por día. Los chicos pueden llevar un registro de lo que les dice cada versículo y de la aplicación que hacen a sus vidas. Es bueno que aprendan a aplicar los pasajes a sus vidas. A veces les resultará difícil, a veces, fácil... pero los animaremos a sacar provecho de cada uno.

Para finalizar, podemos pedirle a cada uno que lea su versículo favorito, incluyendo el nuestro y el de los demás líderes. ¿Por qué ese versículo es tan especial? ¿Cómo lo aplicamos a la vida?

UN POCO MÁS

- Comparemos diferentes versiones de la Biblia. Puede resultar una manera interesante de señalar que hay distintas versiones, que se ajustan a las diferentes necesidades de las personas. Si no disponemos de varias versiones, podemos buscar en Internet. Hay Biblias *on line* disponibles. Les asignaremos diferentes versiones a cada uno y compararemos el mismo versículo. ¿Por qué las versiones son diferentes? ¿Por qué algunas resultan más comprensibles que otras? ¿Aun siguen diciendo lo mismo?
- Podemos crear una lista de correo electrónico con el grupo para enviarles un versículo cada día, o cada semana. Se pueden incluir también preguntas sencillas para que reflexionen cuando las lean. La mayoría de los jóvenes leen la Biblia, ¡pero necesitan un poco de impulso! Tal vez podamos iniciar un grupo de estudio y discusión con algunos que estén interesados. Podemos consultar el sitio de Especialidades Juveniles (www.especialidadesjuveniles.com) para buscar materiales creativos.

HABLEMOS CON DIOS

1. ¿Cómo describirías en *tres palabras* tu vida de oración?

2. Si pudieras pedir *solo una cosa* en oración, y tuvieras la certeza de recibirla, ¿qué cosa pedirías?

3. ¿Cuánto tiempo deberían dedicar a diario los cristianos a la oración? Indica tu respuesta con una flecha
   - Unos cuantos minutos
   - Al menos 15 minutos
   - Media hora
   - Una hora o más
   - El tiempo del que dispongan

4. ¿Qué es la oración para ti? Lee y completa las frases.
   - Yo sé que Dios contesta mis oraciones porque...
   - Yo oro porque...
   - La oración para mí es...

5. Heidi sabía que no debía ir a esa fiesta con Luis, porque él siempre se metía en problemas. Entonces, mintió y les dijo a sus padres que pasaría la noche con su amiga Carla. Pero las cosas salieron mal. La fiesta fue un desastre y al final tuvo que intervenir la policía. Heidi está muerta del miedo: "Dios, si salgo de esta, te prometo que nunca más iré a fiestas como esa".

   ¿Qué crees?

   ¿Es justo que Heidi le pida ayuda a Dios?

   ¿Por qué tendría Dios que responder su oración?

   ¿Cómo reaccionarías si fueras Dios?

6. Elige uno de los siguientes versículos y escribe con tus palabras lo que dice acerca de la oración.
   - Mateo 6:9-19
   - 1 Timoteo 2:1-4
   - 1 Tesalonicenses 5:16-18
   - Hebreos 4:14-16

HABLEMOS CON DIOS [la oración]

EL TEMA DE LA SEMANA

La oración es un diálogo con Dios. Algunos jóvenes no piensan que necesitan orar o no sienten ganas. Hablar con Dios (y escucharlo) es crucial para entenderlo y crecer en él. Esta guía para Conversaciones Dinámicas le dará a tu grupo la oportunidad de replantearse la importancia de la oración.

PARA COMENZAR

¿Cuál es el modelo de oración que nos dejó Jesús? Leamos el Padre Nuestro. Podemos dividir el texto por secciones y formar pequeños grupos. Cada equipo tomará un fragmento de la oración de Jesús. Deberán debatir acerca de qué significa esa parte del Padre Nuestro, y luego transcribirlo en sus propias palabras. Luego, uniremos todos los fragmentos y escribiremos entre todos nuestra propia interpretación del Padre Nuestro. Si es posible, hagamos copias para que los jóvenes del grupo se las lleven a casa si necesitan motivación para orar.

EL DEBATE, PREGUNTA POR PREGUNTA

1. ¿Qué tres palabras eligieron los jóvenes? ¿Por qué? ¿Esos términos se refieren a la importancia de la oración en sus vidas?

2. Hagamos una lista de todas las cosas por las que orarían los jóvenes de nuestro grupo. También anotemos las razones que dieron. ¿Y si Dios respondiera sus oraciones de otra forma? Hagamos énfasis en que Dios responde todas las oraciones por "sí", por "no", o por "espera". "Sí" significa adelante. "No" significa que Dios no quiere eso para nosotros. Y "espera" quiere decir que debemos crecer.

3. ¿Cuánto deberían orar los cristianos, según los jóvenes del grupo? ¿Qué es lo positivo y lo negativo de pasar mucho tiempo en oración? ¿Y poco? ¿Por qué algunas personas pueden orar más tiempo que otras?

4. Discutamos cada respuesta en general. Es importante hacerles notar a los chicos que Dios escucha sus oraciones, los ama, y está interesado en sus problemas y luchas. Tal vez no hayan recibido lo que esperaban, pero eso no significa que Dios no los oiga.

5. Esta situación incrementará la tensión del debate y nos ofrecerá la oportunidad de discutir acerca de la oración en una situación práctica. Les daremos lugar para defender las distintas perspectivas. La oración no es un seguro al que podemos recurrir para que Dios nos ayude en momentos difíciles.

6. Tomará tiempo debatir estos versículos. ¿Cómo se aplican a sus vidas?

EL CIERRE

Al concluir, mantengamos estos puntos en mente:

- Resulta difícil mantener una relación con Dios sin hablar con él. Tan difícil como ser los mejores amigos de una persona a la que no le dirigimos la palabra. La oración no es algo mágico. Se trata de una conversación con Dios. Él quiere que le hablemos en nuestro propio lenguaje, que le contemos lo que hay en nuestro corazón.

- La oración no es algo mágico. Se trata de una conversación con Dios. Él quiere que le hablemos en nuestro propio lenguaje, que le contemos lo que hay en nuestro corazón.

- En lugar de pedirles a los jóvenes cosas que sabemos que no harán, como orar una hora por día, animémoslos a comenzar con dos minutos diarios. Una vez que lo hayan hecho, entonces instémoslos a orar cuatro minutos. Y continuando así, podrán ponerse metas que les resulten alcanzables.

- Si la oración es un diálogo, entonces también incluye escuchar. Hay momentos en los que es bueno quedarnos en silencio, relajarnos en un lugar tranquilo, y reflexionar acerca de lo que Dios espera de nosotros. Él no grita sus respuestas, en cambio puede hablarnos por medio de nuestros pensamientos y sentidos.

- Podemos sugerirles que lleven un registro de sus oraciones, o una lista de las peticiones. Esta es una excelente forma de dar inicio al hábito de la oración, si aun no lo tienen. Pueden escribir sus oraciones en forma de carta. Llevar un registro de sus peticiones les permitirá, más adelante, comprobar que Dios ha escuchado y contestado las oraciones.

UN POCO MÁS

- Que el grupo haga una lista de peticiones. Durante la semana, todos oraremos por ellas, cada uno un día distinto. Esto servirá para ilustrar la importancia de orar como cuerpo y de apoyarnos unos a otros. Los animaremos a que cuenten sus problemas y los conviertan en peticiones de oración. Luego distribuiremos la lista entre los miembros del grupo. ¡Podemos incluir motivos de agradecimiento también!

- Les plantearemos un desafío: orar con lápiz y papel para anotar aquello por lo que están orando. Si llevan un registro de sus oraciones durante la semana, luego podremos saber al reunirnos todos si las oraciones tuvieron respuesta. Tal vez necesitemos esperar más de una semana para ver los resultados. Pero animémoslos a seguir adelante. ¡Será bueno aprender a mirar hacia atrás para agradecer a Dios por todo lo que ha hecho!

GUÍA DEL LÍDER

¡ESTO ES LA GUERRA!

1. ¿En qué piensas cuando escuchas la palabra *guerra*?

2. ¿Calificarías esta declaración de *verdadera* o es *falsa*? El mundo es cada día un lugar más pacífico.

3. En la lista que encontramos a continuación figuran algunas de las posibles causas de guerra. Clasifícalas desde la que consideras *más probable (1)* a la *menos probable (11)*

   ___ El terrorismo
   ___ El pecado del hombre
   ___ La codicia de los líderes
   ___ Genocidio
   ___ Los derechos civiles
   ___ Las incomprensiones políticas
   ___ La pobreza
   ___ Las diferencias religiosas
   ___ El derrocamiento de un gobierno
   ___ La extensión del sistema de gobierno de un país
   ___ Un error

4. ¿Qué te parece? ¿Estás de *acuerdo (A)* o *en desacuerdo (D)* con las siguientes declaraciones?
   ___ Creo que la paz mundial es posible.
   ___ Nuestro gobierno gasta demasiado dinero para cuestiones militares.
   ___ Los cristianos no deberían pelear en una guerra.
   ___ Es pecado construir una bomba nuclear o un arma biológica.
   ___ La guerra nunca es la voluntad de Dios.
   ___ La guerra es necesaria porque vivimos en un mundo malvado.
   ___ Matar en la guerra también es asesinato.
   ___ Nadie sobrevivirá a una guerra nuclear.
   ___ Si nosotros realmente tuviéramos fe en Dios, no necesitaríamos ojivas nucleares.
   ___ No habrá otra guerra mundial.
   ___ La defensa nacional debería ser prioridad número uno.
   ___ Si Jesús fuera estadounidense, serviría a su país peleando en la guerra.
   ___ Hay cosas que podemos hacer para prevenir una nueva guerra mundial.

5. Todos estos versículos dicen algo acerca de la guerra. Lee cada pasaje y sintetiza la idea principal.
   Isaías 2:4   Mateo 24:6-8
   Lucas 21:10-11   Santiago 4:1-2

¡ESTO ES LA GUERRA! [la guerra]

EL TEMA DE LA SEMANA

Los adolescentes viven en un mundo en guerra. Las noticias de la guerra llegan a sus casas a través de la televisión, los periódicos, las revistas e Internet. La amenaza de una guerra nuclear o biológica es real y persistente. Esta guía de debate nos dará la oportunidad de descubrir cómo se sienten los jóvenes al respecto.

PARA COMENZAR

Podríamos iniciar la actividad desde un escenario de teatro. Busquemos una historia política relacionada con la guerra. Podríamos buscar en Internet, en www.cnnenespanol.com . Escribamos en el campo para la búsqueda: "Guerra" o "Eventos Recientes" y nos aparecerá muchísimo material y páginas relacionadas.

Leamos un fragmento de la historia al grupo para que teatralicen la situación. Tal vez sea útil dividirlos en grupos pequeños. ¿Cómo actuarían ellos si fueran líderes políticos? ¿Cómo afectarían sus decisiones las relaciones nacionales e internacionales? ¿Cuáles serían las consecuencias esperables?

Sobre la base de sus convicciones y habiendo decidido a quiénes atacarán, cada grupo tendrá cinco minutos para definir si lleva o no a cabo acciones bélicas contra un país poderoso para detener su violencia, teniendo en cuenta que cualquier acción puede, de todos modos, desencadenar una nueva guerra mundial. Que los grupos debatan sus decisiones.

EL DEBATE, PREGUNTA POR PREGUNTA

1. ¿Qué es la guerra, según los jóvenes de nuestro grupo? ¿Cómo la interpretan? ¿Qué imágenes les transmiten los medios de comunicación?
2. ¿El grupo cree que hay paz en el mundo? ¿Por qué? ¿Qué eventos actuales los hacen pensar que el mundo no es un lugar muy pacífico? Dediquemos un tiempo a hablar sobre esto y sobre cómo se sienten los chicos a causa de la presente situación mundial.
3. Comparemos las respuestas que cada uno dio sobre las razones propuestas. ¿Alguna justifica una guerra? ¿Por qué? Debatiremos acerca de cuáles son más justificables.
4. ¿Qué motivó sus elecciones? Una posibilidad es que los grupos que tienen ideas opuestas debatan sus respuestas. ¿Pueden ellos, desde lo individual, provocar un cambio?
5. Discutiremos los versículos con el grupo. ¿Qué dice la Biblia acerca de la guerra? ¿Cómo la ve Dios?

EL CIERRE

Debemos ser capaces de transmitirles a los jóvenes este concepto: la guerra es brutal. No debería ser tomada a la ligera. A pesar de que la guerra es terrible, a veces resulta inevitable para mantener la paz mundial y proteger a nuestro país. La guerra es el precio que paga la gente por la libertad y la justicia. Como cristianos, deberíamos apoyar a nuestro país, pero a la vez esforzarnos por ser pacificadores. Nosotros deberíamos promover la paz, la aceptación y el amor, y luchar por ellos.

El debate no debe ser planteado en términos negativos. Dios está aun en control del mundo. Él nos conoce a cada uno, en cualquier rincón que estemos. No debemos sentir temor.

UN POCO MÁS

- Podríamos proyectar un fragmento de una película que trate sobre la guerra. Hay unas cuantas. Solo debemos asegurarnos de mirar previamente las partes a proyectar. Sugerimos algunas : "Rescatando al soldado Ryan" o "Valor bajo el fuego". Describen situaciones de guerra ocurridas antes de que nacieran los jóvenes del grupo. Aun así, nos proporcionan ejemplos del dolor y de la pérdida de vidas humanas propia de la guerra. La idea no es convertir este encuentro en una lección de historia. Pero podemos repasar algunos de los enfrentamientos armados más recientes y preguntarnos por qué se pelearon esas guerras. ¿Por qué han habido tropas en Somalia y en Irak? ¿Por qué el gobierno de los Estados Unidos gasta millones de dólares cada año en preparar tropas para la guerra? ¿Cómo se siente el grupo ante esto? ¿Qué es lo que los asusta más de la guerra?
- Le pediremos los chicos que busquen pasajes o historias referidas a la guerra. Después debatiremos sobre la visión bíblica de la guerra. Haremos énfasis en el hecho de que Dios permitió que los israelitas lucharan contra otros pueblos, pero al mismo tiempo nos mandó a que nos amáramos unos a otros. ¿Cuál es la postura de nuestra iglesia acerca de la guerra y de la paz?

CONFÍA EN MÍ

1. ¿Cómo completarías esta frase? "Nunca confíes en alguien que..."

2. ¿En quién confías plenamente? ¿Qué hace que esa persona sea confiable? ¿En quién no confías? ¿Por qué?

3. Si un amigo tuyo mintiera con respecto a ti a tus espaldas, ¿qué harías?

4. Señala la respuesta que te parece más sincera.

   Mis padres pueden confiar en mí...
   ❑ Siempre
   ❑ A veces
   ❑ Nunca

   Mis maestros pueden confiar en mí...
   ❑ Siempre
   ❑ A veces
   ❑ Nunca

   Mis amigos pueden confiar en mí...
   ❑ Siempre
   ❑ A veces
   ❑ Nunca

5. ¿Estás *de acuerdo (A)* o *en desacuerdo (D)* con estas afirmaciones?
   ___ En general, uno puede confiar en las personas.
   ___ Es más fácil confiar en los cristianos que en otras personas.
   ___ Me cuesta confiar en la gente.
   ___ Una vez que alguien nos traiciona, es imposible volver a confiar por completo en esa persona.
   ___ Es más seguro no confiar en nadie.

6. *Escoge* uno de los siguientes versículos. ¿Qué dice Dios sobre la confianza?
   Levítico 6:2-5
   Salmo 52:8-9
   Proverbios 3:5-6

CONFÍA EN MÍ [la confianza]

EL TEMA DE LA SEMANA

Este es un gran problema para los adolescentes de hoy. Algunos no confían en sus padres. Otros han sido lastimados o se abusó de ellos. También están los que no tienen muchos amigos o no confían en la gente. Es importante enseñarles qué es la confianza y qué significa para los cristianos. Esta guía para las Conversaciones Dinámicas orientará el debate sobre si debemos o no creer en los otros y nos mostrará cómo encaja Dios en esta situación.

PARA COMENZAR

Para iniciar podemos mostrarles a los chicos un sobre que contenga un premio, como un vale para un helado o algo por el estilo. Les preguntamos a los chicos si alguien quiere recibir el sobre. Ellos desconocen lo que hay adentro. Les recordamos que tomar el sobre tiene sus consecuencias. ¿Están dispuestos a correr el riesgo sin saber lo que hay adentro? ¿Qué hace que confíen o no en nosotros. ¿Tomarán el sobre sin conocer las consecuencias?

Finalmente, si alguien decide tomar el sobre, le preguntaremos delante de los demás por qué quiere el sobre y por qué ha decidido confiar en nosotros. Luego se lo entregaremos para que lo abra. ¡Por supuesto que lo único que tendrá que hacer será recibir el premio!

Si nadie se atreve, lo ofreceremos una vez más y después abriremos el sobre y les mostraremos lo que hay adentro: un premio. ¡No había que hacer nada para ganarlo, solo tomar el sobre!

Esto ilustra la manera en que funciona la confianza. Hay gente que enseguida confía en los demás. Los jóvenes del grupo confiaron en nosotros sin conocer los riesgos que corrían. Recordémosles que el confiar en alguien implica un cierto grado de peligro y puede tener consecuencias. Ser cristiano también incluye sus riesgos: significa darle el corazón y la vida a Dios. ¿Cuáles son las consecuencias? Qué otros nos menosprecien, por ejemplo. Pero, ¿cuál es el premio? No tenemos que tratar de merecer ni de ganar nada. Alcanza con aceptar el regalo del amor de Dios y la vida eterna. ¡No está nada mal para ser un premio por el que no tenemos que pagar!

EL DEBATE, PREGUNTA POR PREGUNTA

1. Permitir que el grupo comparta sus respuestas. Algunas pueden resultar graciosas. Podríamos hacer una lista con todas las respuestas.
2. ¿A quién escogieron los jóvenes como digno de confianza y a quién no? ¿Por qué?
3. La mayoría de los jóvenes deben tener algún amigo que haya traicionado su confianza alguna vez. Haremos un espacio para que puedan contar sus experiencias, siempre sin dar nombres. ¿Qué les enseñaron esas experiencias?
4. Este punto trae a la vida real el tema de la confianza. Algunos chicos no querrán dar sus respuestas en voz alta. No los obliguemos. En cambio, pidámosles que piensen por qué la gente confía o no confía en ellos. ¿En qué necesitan cambiar para volverse confiables? Pongamos el énfasis en que la confianza resulta fundamental para desarrollar relaciones buenas y sanas.
5. Pidámosles que voten indicando sus opiniones en relación con estas preguntas. Algunos quizás quieran sincerarse y contar algo que tenían guardado. Discutiremos entonces cómo una persona puede ganarse la confianza de los demás y cuánta confianza debemos depositar en alguien que recién conocemos.
6. Cómo se aplican estos versículos a la confianza que debemos depositar en nuestras relaciones. Enfoquemos el hecho de que podemos confiar en Dios siempre. Él no cambia y nunca cambiará.

EL CIERRE

Hay personas en las que simplemente no se puede confiar. Es importante que les digamos esto a los chicos. En otros casos, hay personas que parecen confiables, pero no lo son. La confianza se construye con tiempo y paciencia. Nadie merece que confiemos en él apenas lo conocemos. Cuando alguien traiciona la confianza de otro, lleva mucho tiempo, a veces años, reconstruirla.

No es fácil confiar en los demás y que otros confíen en nosotros. Podemos pedirle a Dios que sane nuestras heridas. Dios nos perdona aun si la gente no lo hace. Él conoce nuestro corazón y puede convertirnos en personas más dignas de confianza.

UN POCO MÁS

- En una pizarra o en una cartulina grande, escribamos la palabra CONFIANZA, en sentido vertical. Dividamos al grupo en nueve equipos. A cada uno le asignaremos una letra para que escriba al menos dos palabras o frases que describan la confianza y que comience con esa inicial. Por ejemplo, si un grupo tiene la F, puede anotar "fidelidad" o "facilitar la comunicación". Que todo el equipo trabaje junto para buscar estas definiciones. Luego, repasaremos las propuestas y discutiremos lo que significa cada una.
- Podemos destinar un tiempo a hablar sobre cómo se traiciona la confianza. Si percibimos que a alguno de los jóvenes le cuesta confiar en los demás, tal vez sea porque esté atravesando otro tipo de conflictos, como abuso sexual, problemas en su casa, o dificultades en la escuela. Tomemos nota de sus actitudes. Quizá podamos dedicar unos momentos para conversar personalmente con ese adolescente. Y si pensamos que alguno de los jóvenes del grupo es víctima de abusos, acerquémonos para ofrecerle ayuda o recordarle que puede denunciarlo ante las autoridades.

GUÍA DEL LIDER

¡OH, DIOS!

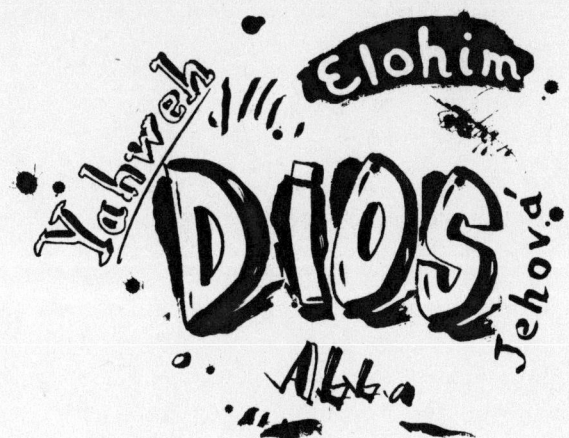

1. ¿Cuál es la *primera palabra* que se te ocurre cuando piensas en Dios?

2. Si pudieras hacerle *una pregunta*, ¿cuál sería?

3. Si Dios te mandara un e-mail, ¿qué crees que te diría en él?

4. Santiago siempre creyó que Dios existía, pero nunca lo sintió cercano ni le pareció que se ocupara de él. Ahora cuestiona la existencia de Dios y pide tu opinión. ¿Qué consejo podrías darle para que conociera mejor a Dios?

5. ¿Cuáles de las siguientes afirmaciones *describen mejor* tu relación con Dios?
   - ❏ Tengo una relación muy fuerte con él.
   - ❏ Me siento muy lejos de Dios.
   - ❏ Quiero estar más cerca de él.
   - ❏ Dios es un misterio para mí.
   - ❏ Creo que Dios está contento con mi forma de vivir.
   - ❏ Dios no forma parte de mi vida.
   - ❏ Todavía tengo muchas dudas acerca de Dios.
   - ❏ Tener trato con Dios me asusta. No estoy interesado/a.

6. Lee Romanos 11:33-36. ¿Qué nos dicen estos versículos con respecto a Dios?

¡OH, DIOS! [la relación con Dios]

EL TEMA DE LA SEMANA

¿Cuánto sabemos acerca de las creencias de los jóvenes del grupo? ¿Por qué creen en Dios? Este debate nos permitirá hablar acerca de cuáles son nuestras creencias y de si en la práctica se reflejan en la vida de cada uno. Los chicos deben sentirse cómodos entre ellos antes de empezar. Algunas veces no les resulta fácil abrirse sobre estos temas, así que asegurémonos de proveer un ambiente cálido dentro del que se sientan apoyados.

PARA COMENZAR

Podemos introducir el tema de distintas maneras, según las dimensiones y la madurez del grupo. Podríamos dividirlos en dos equipos: uno de ellos representando a la gente que cree en Dios y el otro a la gente que no cree. ¿Qué evidencias o argumentos podría esgrimir cada uno? ¿Cómo defenderían su posición? ¿Qué características de Dios han salido a la luz a partir de este debate? Hagamos una lista con los puntos principales.

Otra opción es leer alguna historia y que después ellos la representen. Puede ser la parábola del hijo pródigo (Lucas 15:11-27). Podemos usar el texto bíblico u otra versión de la historia. ¿Cómo describe la parábola a Dios? ¿Cuáles son sus características? ¿Y en la parábola de las cien ovejas (Lucas 15:3-7)?

EL DEBATE, PREGUNTA POR PREGUNTA

1. En una pizarra o en una cartulina, hagamos una lista con todas las palabras sugeridas. Algunos tienen una imagen equivocada de Dios y piensan en él como un policía cósmico, un abuelo con barba blanca, o alguien que da órdenes desde el cielo.

2. Permitamos que todos los jóvenes lean sus preguntas. Después, trabajemos las respuestas en forma grupal. Algunas no tendrán respuesta. Está bien. Les explicaremos que Dios tiene repuestas a nuestras preguntas aunque no siempre sepamos cuáles son.

3. Solicitemos a varios jóvenes que lean sus notas en voz alta. ¿Les ayuda esto a comprender mejor a Dios? ¿Qué estamos aprendiendo acerca de él? Pongamos el énfasis en el hecho de que Dios nos ha escrito ya una carta: la Biblia, en la que nos cuenta historias y nos da consejos. Propongámosles llegar a un conocimiento más profundo de Dios.

4. Podemos utilizar este contexto para debatir formas prácticas de mejorar nuestra relación con Dios. Hagamos una lista de sugerencias. Tal vez queramos agregar algunas propias. Los jóvenes escogerán entonces las tres que consideren más importantes y después elegirán una para esta semana.

5. Quizás algunos participen y otros no. Es aceptable. ¿Qué preguntas tienen los jóvenes del grupo acerca de lo que es la relación con Dios?

6. Estos versículos mencionan atributos de Dios. Hagamos una lista con todos los que encontremos. ¿Recuerdan ellos otros que no aparezcan en estos textos?

EL CIERRE

Dios se ocupa mucho de todos sus hijos. Podríamos leer algunos versículos acerca de cuánto nos ama Dios. Cada uno de los jóvenes del grupo es una joya valiosa ante sus ojos. Si Dios tuviera una computadora, las fotos de ellos estarían en su salva pantalla. Él saldría todo el tiempo con ellos. Pero... ¿cuánto tiempo pasan los chicos con él? Si pudieran hablar con Dios por teléfono, ¿qué le dirían?

Concluyamos con un tiempo de oración. Si el grupo no se siente cómodo al orar en voz alta, podemos orar en silencio.

UN POCO MÁS

- Resulta importante proponerles a los jóvenes metas claras en cuanto a conocer mejor a Dios. Les sugeriremos que hagan algo más que orar o leer la Biblia. Pidámosles que se fijen metas específicas, como orar diez minutos por día, leer un capítulo de la Biblia cada dos días, o reunirse con nosotros y un grupo pequeño cada dos semanas. Los animaremos a plantearse objetivos realistas. Pueden escribirlos en una hoja y colocarlo en un lugar visible. Que sepan, además, que pueden hablar con nosotros si tienen conflictos o dudas. Todos necesitamos que nos animen espiritualmente.

- Armemos una lista de correo electrónico para mantenernos en contacto, pasarnos pedidos de oración y lecturas de la Biblia. Animemos a los jóvenes a escribirse entre ellos, a mandarse sus versículos favoritos y las cosas nuevas que van aprendiendo, o las peticiones de oración que tengan. Pueden orar unos por los otros y aprender más de Dios.

GUÍA DEL LÍDER

CUANDO DUDAMOS

1. ¿Sobre cuál de las siguientes cosas tienes alguna duda?
   - ❏ La existencia de Dios
   - ❏ La resurrección de Jesucristo
   - ❏ La historia de Jonás y el gran pez
   - ❏ La existencia del cielo
   - ❏ La veracidad de la Biblia
   - ❏ El amor de Dios
   - ❏ El valor de la oración
   - ❏ El nacimiento virginal de Cristo
   - ❏ La posibilidad de los milagros
   - ❏ La narración de Génesis con respecto a la creación
   - ❏ La realidad del infierno
   - ❏ La idea de que Jesús fue y es Dios

2. Cuando nos asaltan las dudas acerca de la fe, ¿qué tres reacciones de entre las señaladas a continuación se dan en nosotros con más frecuencia? Trazar un círculo alrededor de ellas.
   Sentirnos culpables
   Transmitirle nuestras dudas a otros cristianos
   Echarle la culpa de nuestras dudas al diablo
   Ignorarlas
   Hablarlas con amigos no cristianos
   Hacer que otros duden de las mismas cosas
   Suponer que somos demasiado ignorantes como para comprenderlo todo
   Hablar con Dios acerca de nuestras dudas
   Hacer preguntas francas y sinceras, procurando hallar respuestas
   Hablar con el pastor
   Otras

3. ¿Cuál de estas cosas refleja tu pensamiento? Dibuja una flecha junto a la que te parece más verdadera.
   a. Es normal tener dudas acerca de Dios.
   b. Cuando dudamos con respecto a Dios, él nos ama menos.
   c. Nuestro pastor nunca tiene dudas con respecto a Dios.
   d. Dios entiende y acepta nuestras dudas.
   e. El dudar implica estar perdiendo la fe.
   f. Si no tenemos dudas es porque no tenemos fe.
   g. Si la dejamos librada a sí misma, y sin reconocerla, la duda se transformará en incredulidad.

4. Busca el *Salmo 73* en tu Biblia, y resúmelo en tus propias palabras.

CUANDO DUDAMOS [la duda]

EL TEMA DE LA SEMANA

Es normal y saludable que los adolescentes duden y se cuestionen lo que creen. Muchos de ellos están procurando saber quiénes son y qué creen. Buscan respuestas y tienen que vérselas con cuestiones difíciles. Para ellos es importante poder analizar las dudas y preguntas que tienen con adultos como nosotros. Esta sesión pos sí sola no podrá resolver todas sus preguntas y dudas, pero les ayudará a comprender que el dudar es normal, incluso para los adultos.

PARA COMENZAR

¡Llevémoslos a cuestionarse! Hagamos una lista con los diez misterios o dudas más significativos que los jóvenes hayan manifestado -cosas sobre las que nuestro grupo tenga interrogantes. Analicemos posibles soluciones o respuestas para cada uno de ellos. ¿Cómo pueden encontrar respuestas? ¿Qué los desconcierta más con respecto a estos misterios o dudas? Puede ser que tengan interrogantes acerca de cómo Dios creó el mundo de la nada, de cómo es posible que Jesús sea Dios y hombre a la vez, de si alguna vez viajarán a Marte, y cosas semejantes. ¡Nunca se puede predecir qué dudas o misterios preocupan a los jóvenes!

Pidámosle al grupo que dramatice situaciones en las que deben defender sus creencias. Dividámoslos en grupos y otorguémosle a un equipo el papel del abogado del diablo. Uno de los grupos tendrá que defender su postura y sus creencias, no solamente su fe en Dios, sino también otras cuestiones, como la manera en que Dios creó la tierra, o por qué existen el cielo y el infierno. Instémoslos a usar la Biblia para argumentar su defensa. Tal vez resulte una forma asombrosa de lograr que los jóvenes piensen (¡por supuesto que esto dependerá del grupo!).

EL DEBATE, PREGUNTA POR PREGUNTA

1. Pidamos a los miembros del grupo que expresen cuáles son sus dudas. ¿Qué afirmación les ha generado mayores dudas? ¿Acerca de qué temas quieren saber más? Tengamos cuidado de no intentar evacuar sus dudas con respuestas espirituales fáciles. Démosles espacio para debatir unos con otros.

2. ¿Cómo manejan sus dudas los miembros del grupo? ¿Cuál es su respuesta más frecuente? Algunos quizás no quieran expresarse, y está bien. Preguntémosles cuál creen que es la reacción más común en un adolescente.

3. La duda casi podría considerarse un prerrequisito para desarrollar una fe firme; no se requiere fe cuando uno está absolutamente seguro de algo. ¿Cuáles fueron sus respuestas? Tomémonos el tiempo para hablar sobre las inquietudes que pueden tener a la hora de enfrentar sus dudas.

4. Este salmo se relaciona con la duda. ¿Cómo lo han resumido los jóvenes?

EL CIERRE

Podemos narrar la historia de Juan el Bautista y de cómo anunció con mucha confianza la venida de Cristo. Pero luego, al ser arrojado a la cárcel, comenzó a dudar acerca de si Jesús sería o no el Hijo de Dios (Lucas 7:18-19). La duda es algo normal. El tener dudas no significa haber perdido la fe. Tampoco significa que alguien duda porque ha pecado.

El autor cristiano Frederick Buechner dijo: "Las dudas son las hormigas en los pantalones de la fe; la mantienen viva y en movimiento". La duda nos estimula a crecer en dirección a Dios. Instémoslos a buscar una fe más profunda y significativa, y animémoslos a hablar con aquellas personas que se interesan por ellos, y con quienes tienen confianza. El hablar con sus padres o con otros adultos a los que respeten, fortalecerá y profundizará su fe en Jesucristo.

Finalmente, sugirámosles que reserven sus dudas más profundas para un día preguntarle a Dios mismo, porque quizás no puedan ser respondidas en esta vida. Tal vez no tengamos todas las respuestas, pero Dios sí las tiene. En I Corintios 13:12 dice: "Ahora vemos de manera indirecta y velada, como en un espejo; pero entonces veremos cara a cara". Dios nos revelará toda la verdad algún día en el cielo.

UN POCO MÁS

- Varios personajes bíblicos mostraron serias dudas acerca de lo que Dios estaba por hacer. Algunos de ellos fueron Moisés, Abraham, Pedro, y Tomás. Pidamos al grupo que encuentre en la Biblia ejemplos de personajes que expresaron dudas y permitamos que hablen acerca de sus hallazgos. ¿Quiénes manifestaron dudas? ¿Cuáles fueron esas dudas? ¿Son estas las mismas inquietudes que los chicos tienen hoy? ¿Cómo manejó Dios la situación? ¿Qué sucedió después que esta gente comprendió lo que el Señor hacía?

- Instemos a los jóvenes a decidir confiar a pesar de las dudas. ¿Qué es confiar? ¿Qué diferencia hay entre confiar y tener fe? ¿Nuestros jóvenes solamente confían en las cosas que ven? Por ejemplo, ¿les resulta fácil confiar en Dios? ¿Confiarían más en Dios si pudieran verlo o tocarlo? ¿De qué manera el confiar en otros afecta nuestra confianza en Dios? ¿Es más fácil confiar en la gente o confiar en Dios?

¿CÓMO COMPRAMOS?

1. Pensemos en nuestro anuncio de televisión favorito. ¿Qué *producto* anuncia?

2. Menciona *tres cosas positivas* y *tres cosas negativas* en cuanto a la publicidad.

3. ¿De qué manera haces las compras?
   - ❏ Yo no compro por Internet
   - ❏ Compro por catálogo
   - ❏ Le dejo las compras a mi mamá
   - ❏ Compro en los distribuidores
   - ❏ Compro en tiendas o en un centro comercial

4. ¿Compras cosas de *marca* o te da igual?

5. ¿Qué te parece? Escribir A (estoy de acuerdo) o D (en desacuerdo)?
   ___ La publicidad utiliza demasiado el sexo para vender los productos.
   ___ Los publicidad ayuda a la gente a tomar decisiones inteligentes en cuanto a sus compras.
   ___ Los anuncios publicitarios no deberían mostrar atletas profesionales u otras celebridades.
   ___ Los anuncios generalmente mienten sobre los productos.
   ___ Los anuncios influyen sobre las personas para que compren cosas que no quieren o que no necesitan.
   ___ La publicidad trata a los consumidores como si fueran tontos.
   ___ La publicidad apunta al nivel subconsciente de la mente.
   ___ Nunca deberíamos confiar en los avisos publicitarios.
   ___ No se debería hacer publicidad por Internet.

6. Lee los siguientes pasajes, y anota lo que cada uno dice acerca de la publicidad.
   Efesios 4:17-19
   Efesios 5:6
   1 Juan 3:7-8

¿CÓMO COMPRAMOS? [la publicidad]

EL TEMA DE LA SEMANA

Nuestra sociedad está inmersa en la publicidad. Pensemos un poco: ¡está en todas partes! En la televisión, en la radio, en los carteles, en los tableros de resultados de los estadios, en los automóviles de carrera, en los globos aerostáticos, en los aviones, y hasta en la ropa. Las compañías apuntan a los jóvenes para crear en ellos lealtad a cierta marca. Y dado que los jóvenes son el grupo por edad que gasta más dinero en CDs, ropa, y películas, se constituyen en el objetivo primario. Pero, son al mismo tiempo ingenuos en cuanto a lo que ven y oyen. Un debate sobre este punto nos permitirá señalar de qué maneras puede la publicidad engañarlos y hacerlos caer en una mentalidad consumista.

PARA COMENZAR

Grabemos varios comerciales de televisión y mostrémoslos al grupo. Después de exhibir cada uno, detengámonos para hablar acerca de ese anuncio. ¿Qué nos dice el anuncio? ¿Qué nos lleva a querer (o a no querer) comprar el producto? ¿Hay manipulación en ese aviso? Expliquemos que las compañías gastan millones de dólares en publicidad cada año. Cuando se llevan a cabo eventos especiales, por ejemplo, deportivos, las empresas gastan millones de dólares por cada segundo de tiempo al aire. ¿Qué las lleva a invertir tanto dinero y energía en publicidad? ¿Qué avisos publicitarios consideran mejores nuestros jóvenes? ¿Por qué les han gustado?

Otra actividad buena para comenzar es confeccionar una lista de eslóganes correspondientes a avisos publicitarios y pedirles a los jóvenes que adivinen a qué productos representan. O solicitarles que preparen un eslogan para productos como maquillaje, perfume, video juegos, cereales, bebidas gaseosas, jabones, automóviles u otros. ¡Nos asombrará descubrir todo lo que recuerdan y reconocen! Sintámonos libres para usar este juego y otorguemos puntos a los equipos que puedan mencionar más eslóganes en un tiempo dado.

EL DEBATE, PREGUNTA POR PREGUNTA

1. Permitamos a los jóvenes mencionar sus anuncios comerciales favoritos. Averigüemos por qué les gustan ¿Alguna vez han comprado ese producto? ¿Por qué o por qué no?
2. Confeccionemos una lista referencial de respuestas para utilizarla durante el resto del debate. ¿Por qué consideramos a la publicidad buena o mala? ¿Resulta necesaria en determinados casos?
3. ¿Por qué compramos de la forma en que lo hacemos? ¿Por qué algunos prefieran comprar por Internet y no en los negocios? ¿Cuando finalmente llegan, satisfacen estos productos nuestras expectativas? ¿Cuáles son las ventajas y desventajas de comprar a través de la Web, por catálogo y en los negocios?
4. La mayoría responderá con un "depende..." Una manera adecuada de manejar esta situación es haciendo dos listas, una de marcas conocidas y otra de segundas marcas. Anotemos entonces las razones que nos den como respuestas.
5. Estas afirmaciones generarán una variedad de respuestas. Permitamos que los jóvenes debatan acerca de las diferentes cuestiones que cada una haga surgir. Quizá podríamos dividir a los chicos por las respuestas que den.
6. ¿Cómo se aplicarían estos versículos a la publicidad? ¿Qué diría Dios con respecto a los medios de comunicación y a su manera de vender?

EL CIERRE

Instemos a los jóvenes a considerar cuidadosamente los anuncios publicitarios que ven y escuchan. Puesto que el objetivo es hacer dinero, los anunciantes siempre tratarán de mostrar como bueno al producto. Hablemos acerca de maneras en las que puedan analizar estos mensajes. ¿Qué preguntas podrían hacerse cuando ven o escuchan un anuncio publicitario? ¿Cómo ponerle límites a la cantidad de anuncios que ven o escuchan?

Comuniquémosles la perspectiva que Dios tiene del dinero y la publicidad. El quedar atrapados dentro de una mentalidad "quiero tener todo eso" es poco sano y pecaminoso. Uno comienza a querer cada vez más, y muy pronto se convierte en un codicioso insatisfecho con lo que tiene. Dios quiere que vivamos conformes y que confiemos en él. ¿Cómo afecta la publicidad nuestra forma de ver a Dios?

UN POCO MÁS

- Pidamos al grupo que haga una lista de los lugares en los que encuentran anuncios publicitarios. Tal vez los jóvenes no se hayan dado cuenta de lo rodeados que están por ellos. Instémoslos a mirar con más cuidado a su alrededor esta semana mientras se dirigen a la escuela o salen con sus amigos. Pidámosles que se mantengan atentos para descubrir la publicidad que aparece en la ropa, en los buses, en Internet, e incluso en las cajas de cereal. Hagamos que traigan sus listas para conversar sobre el tema. ¿Dónde han visto esa publicidad? ¿Cómo los hace sentir?
- ¿Qué impacto logra la publicidad durantes las festividades, en especial en Navidad? Consideremos la publicidad dentro de este contexto. ¿Cómo percibiríamos la Navidad si no tuviéramos que comprar, que hacer regalos y recibirlos? ¿Qué pasaría si no hubiera conejitos de Pascua ni regalos de Santa Claus? ¿Cómo sería el Día de San Valentín si solo tuviéramos que mostrar amor sin necesidad de obsequiar rosas, chocolates o tarjetas? ¿Qué significado le dan los medios y la sociedad en general a los días festivos (sean religiosos o no), como Semana Santa o el Día de la Madre? Confeccionemos una lista de dos columnas tituladas *Con publicidad* y *Sin publicidad*. Incluyamos en ella las palabras o ideas que los chicos mencionen sobre cada fiesta desde estas perspectivas.

GUÍA DEL LÍDER

CÓMO DAR A CONOCER A JESÚS

1. ¿*Falso* o *verdadero*? La mayoría de mis amigos no están interesados en escuchar acerca de Jesucristo.

2. ¿Por qué crees que la mayoría de los jóvenes cristianos no le habla de Cristo a sus amigos?

   - ❑ Les da vergüenza
   - ❑ No les parece importante
   - ❑ Creen que ser cristiano no es divertido
   - ❑ No saben cómo hacerlo
   - ❑ Les asusta
   - ❑ No quieren ofender a nadie
   - ❑ Piensan que se van a burlar de ellos
   - ❑ Otras razones

3. Escoge tres formas eficaces de hablar de Cristo a otros.
   - ❑ Repartir tratados
   - ❑ Llevar la Biblia a la escuela
   - ❑ Hablarle de Cristo al muchacho o a la chica con la que salgo
   - ❑ Invitar a un amigo a la iglesia
   - ❑ Vivir una vida moral y dar buen ejemplo
   - ❑ Mostrar amor a los demás
   - ❑ Usar una camiseta con una leyenda cristiana
   - ❑ Esperar la oportunidad adecuada para hablar de Cristo
   - ❑ Traer algún amigo a las actividades del grupo de jóvenes
   - ❑ Dar un breve discurso en mi clase acerca de mi fe
   - ❑ Otras

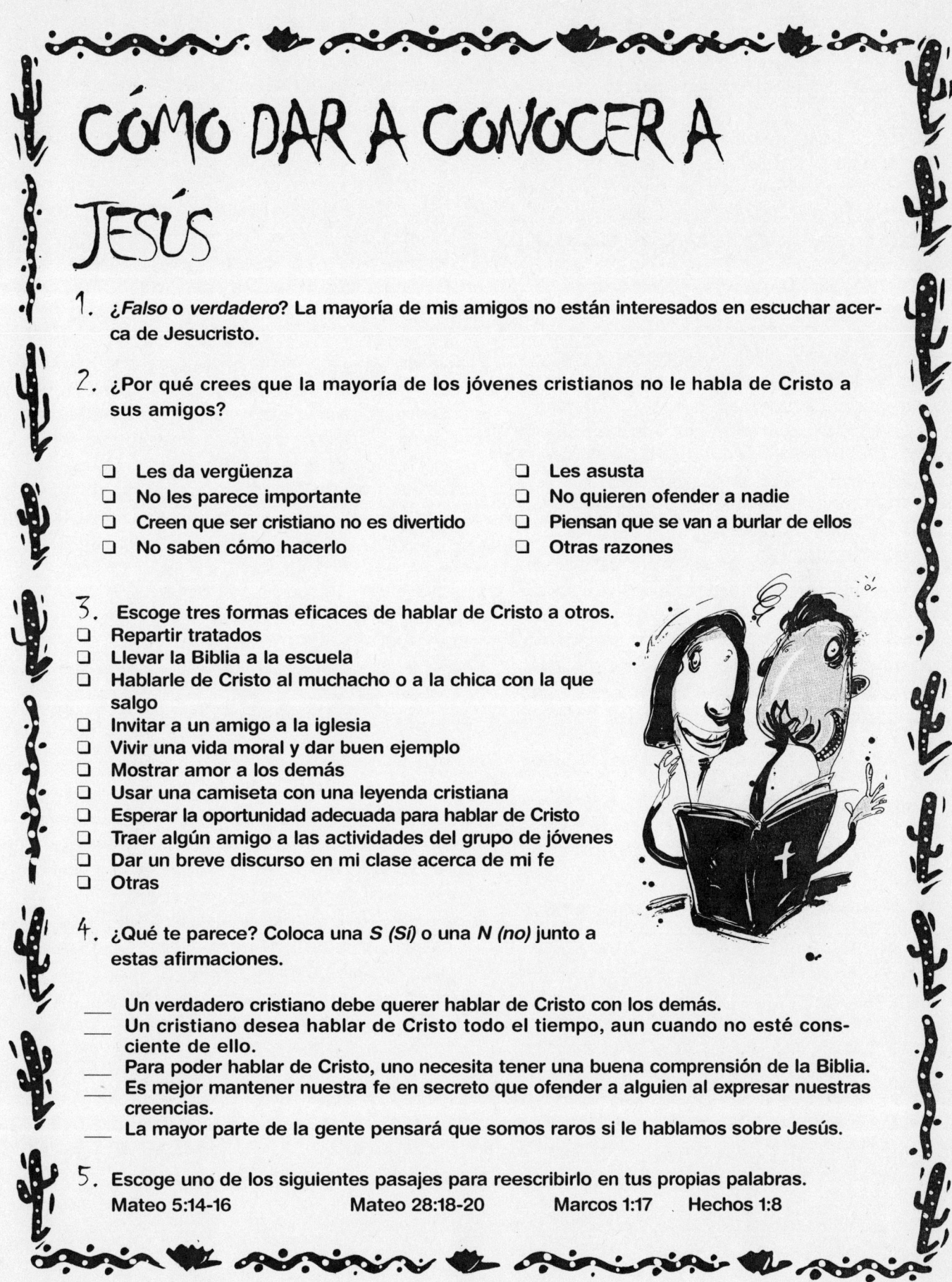

4. ¿Qué te parece? Coloca una *S (Sí)* o una *N (no)* junto a estas afirmaciones.

   ___ Un verdadero cristiano debe querer hablar de Cristo con los demás.
   ___ Un cristiano desea hablar de Cristo todo el tiempo, aun cuando no esté consciente de ello.
   ___ Para poder hablar de Cristo, uno necesita tener una buena comprensión de la Biblia.
   ___ Es mejor mantener nuestra fe en secreto que ofender a alguien al expresar nuestras creencias.
   ___ La mayor parte de la gente pensará que somos raros si le hablamos sobre Jesús.

5. Escoge uno de los siguientes pasajes para reescribirlo en tus propias palabras.
   Mateo 5:14-16   Mateo 28:18-20   Marcos 1:17   Hechos 1:8

CÓMO DAR A CONOCER A JESÚS [testificar de Cristo]

EL TEMA DE LA SEMANA

A veces no resulta fácil para los jóvenes hablar de su fe con los demás. Es difícil explicar nuestras creencias cuando otros las cuestionan. Tanto los adultos como los jóvenes enfrentan el desafío de ser testigos de Cristo, sin convertirse en fanáticos. Esta guía de Conversaciones Dinámicas nos brinda, junto con el grupo, la oportunidad de hablar sobre cómo testificar y dar a conocer nuestra fe cristiana.

PARA COMENZAR

En esta actividad, podemos trabajar una situación de intercambio de roles dentro del grupo. Quizá deberíamos conseguir cierta información de antemano para usar con el grupo. Busquemos algunos datos sobre otras religiones y creencias. Luego presentemos esta situación: el líder asume el papel de un estudiante extranjero de intercambio de la India, que ha crecido dentro de la religión hindú. Pero ahora vive con una familia latinoamericana que va a la iglesia y adora a Dios. Él ha aprendido en su casa que los cristianos creen en el cielo y no en la reencarnación. Está confundido y se siente un poco amenazado por estas creencias. Quiere saber más, pero no está seguro acerca de qué preguntar.

Dividamos a los jóvenes en grupos para que, a través de una tormenta de ideas, definan cómo presentar el evangelio a una persona así. ¿Qué le dirán? ¿Cómo defenderán sus propias creencias? Hagamos que escriban sus puntos importantes. Luego juntemos los grupos y comencemos la dramatización con el líder confrontando a uno de los grupos al que ha visto leyendo la Biblia. Pidamos a los jóvenes que le expliquen sus creencias al supuesto estudiante, quien cuestionará a los jóvenes y los llevará a pensar acerca de su fe y a buscar maneras de defender lo que creen.

Luego, sometámoslos a un interrogatorio. Finalmente, animémoslos. Expliquemos que no resulta fácil exponer nuestra fe, que es algo que no se puede ver. Tratemos de darles algunas sugerencias que puedan tener en cuenta al testificar a otros. Luego, abramos un debate acerca de cómo testificar.

EL DEBATE, PREGUNTA POR PREGUNTA

1. Muchos en el grupo dirán que la frase es verdadera, que sus amigos no están interesados en escuchar acerca de Cristo. Pidámosles que expliquen sus respuestas.
2. Tratemos de lograr que el grupo llegue a un consenso acerca de las dos principales razones. ¿De qué forma podemos superar cada uno de estos obstáculos? ¿Alguna de estas razones es legítima? ¿Por qué o por qué no?
3. Pidámosles a los jóvenes que expongan sus respuestas y las razones por las que han respondido de esa manera. ¿Qué ventajas y desventajas presenta cada una? ¿Hay otras formas no contempladas aquí? ¿Alguno ha usado alguna de esas formas para alcanzar a otros? ¿Por qué algunos métodos resultan más eficaces que otros?
4. Analicemos cada una de las aseveraciones. Señalemos que: (1) un verdadero cristiano desea contarle a los demás acerca de Cristo; (2) representamos a Cristo a través de nuestra forma de vivir; (3) no es necesario conocer ampliamente la Biblia para poder testificar de Cristo; (4) pensar que podemos ofender a otros por hablar de Cristo es simplemente echarnos atrás; y (5) no deberíamos preocuparnos por lo que la gente piense de nosotros cuando testificamos de Cristo
5. Mientras hablamos acerca de estos versículos, consideremos los diferentes métodos que Cristo usó para hablar acerca de sí mismo y descubramos de qué manera podemos usar esos mismos métodos para hablar de Cristo hoy (la amistad y la ayuda a otros, por ejemplo).

EL CIERRE

No queremos que los jóvenes se sientan culpables a causa de esta sesión. Cuando perciben que su autoestima está en juego, los jóvenes se vuelven reacios a hacer o decir cosas que puedan avergonzarlos o causar que otros los rechacen. Seamos cuidadosos para que no parezca que el testificar es una carga que llevamos por ser cristianos. Enfaticemos que el ser cristianos es un regalo que cada uno puede brindar a otro. ¿Cómo nos sentimos al saber que un amigo podría pasar la eternidad en el cielo con nosotros? ¿Ese amigo lo sabe? Motivemos una tormenta de ideas para descubrir maneras creativas en las que podemos ser testigos de Cristo sin resultar amenazantes. No necesitamos ser expertos en la Biblia para hablar de Cristo a otros. Todos podemos testificar ampliamente en forma no verbal, por medio de nuestras acciones, y también a través de lo que les decimos a los demás.

Testificar de Cristo es un privilegio, y un mandato. Implica una responsabilidad que Dios nos ha dado. Y constituye una forma de mostrarles a otros que son amados y que pueden amar a los demás.

UN POCO MÁS

- Los misioneros están esparciendo el evangelio por todo el mundo y necesitan oración y apoyo. Animemos al grupo a apoyar a los misioneros, que testifican a muchos alrededor del mundo. Instémoslos a orar por los misioneros, a escribirles cartas y correos electrónicos, y a ofrendar. Consideremos la posibilidad de conformar un grupo dedicado a levantar fondos para los misioneros dentro de nuestra iglesia en el que procuremos comprometer a toda la congregación también.
- Realicemos una tormenta de ideas para encontrar un eslogan adecuado para nuestro grupo de jóvenes. Puede tratarse de un logotipo, una frase, o un lema que refleje de alguna manera su fe. Votemos para seleccionar el eslogan y un texto bíblico. Luego -si a los jóvenes les gusta la idea- diseñemos una camiseta impactante para el grupo de jóvenes. Pidámosles que cuando la usen, registren las reacciones o preguntas que les hagan en la escuela. Instémoslos a usarla como una forma de transmitir sus creencias a aquellos que les hagan preguntas.

¿QUIÉNES SON NUESTROS MODELOS?

1. Según el gráfico que aparece más abajo, ¿cómo te calificarías en cuanto a *apariencia (A), inteligencia (I), popularidad (PO), y personalidad (PE)*? Anota las letras correspondientes para cada una de estas cosas en el gráfico.

   En lo más bajo   En un término medio   En lo más alto

2. ¿Qué *tres cosas* te hacen sentir orgulloso/a de ti mismo/a?

3. ¿Qué te parece? Coloca una *S (Sí)* o una *N (No)* junto a estas afirmaciones.
   ___ Nunca me siento feliz por lo que he hecho.
   ___ Me subestimo demasiado.
   ___ Acepto los elogios de los demás.
   ___ Me siento inferior cuando estoy con gente de mi edad.
   ___ Tomo bastante bien las críticas.
   ___ Creo que soy una persona término medio.
   ___ Quiero ser apreciado así que hago cosas que no debería hacer solo para sentirme aceptado.
   ___ No me preocupa si le gusto o no a la gente.
   ___ Dependo de lo que otros digan para sentirme importante o no.

4. Renato y Margarita han sido amigos por años. Pero recientemente Renato se ha cansado de Margarita porque ella se queja de sí misma y se menosprecia constantemente. Renato se da cuenta de que ella dice cosas como: "Estoy muy gorda" y "¡Nunca nadie me invita a salir!" y le ha mencionado que está tomando pastillas para adelgazar. Renato está preocupado por Margarita pero no sabe cómo confrontar su conducta.

   ¿Cómo confrontarías a Margarita si estuvieras en el lugar de Renato?
   ¿Por qué piensas que Margarita actúa de esa forma?
   ¿De qué manera hiere a Margarita su propia conducta?
   ¿Cómo podría Renato convertirse en un amigo que la apoyara?

5. Lee los siguientes versículos para descubrir la manera en que te ve Dios.
   Salmos 139:13-18   Lucas 16:15
   Salmos 147:10,11   2 Corintios 5:17-18   Efesios 2:10

¿QUIÉNES SON NUESTROS MODELOS? [autoimagen y autoestima]

EL TEMA DE LA SEMANA

La autoestima constituye una preocupación muy importante para los jóvenes. Ellos se sienten muy presionados por lograr encajar y se preocupan por su aspecto, por su manera de actuar, y por la aceptación y aprecio de sus compañeros. Esta guía de Conversaciones Dinámicas le proveerá al grupo la oportunidad de analizar su autoimagen y su autoestima y nos proporcionará una ocasión para brindarles apoyo a los jóvenes.

PARA COMENZAR

Todos necesitan sentirse alentados, así que démonos una palmada en la espalda unos a otros (no literalmente). Pidámosle a cada persona que dibuje su mano en una hoja de papel. Luego hagamos que se adhieran la hoja en la espalda. Asegurémonos de que cada miembro del grupo tenga algo con qué escribir. Luego, animémoslos a caminar por allí, escribiendo algo que les guste de cada persona en la mano que tienen dibujada en la espalda. Aunque es bueno escuchar cumplidos como "me gusta tu camisa" o "bonitos zapatos", pidamos a los jóvenes que piensen en comentarios menos superficiales (tal vez algo sobre la personalidad o los talentos del otro). Démosle al grupo tiempo suficiente como para que puedan escribir en la espalda de cada persona. Luego dejemos a los jóvenes leer sus propias hojas y permitámosles expresar cómo los hizo sentir esta actividad.

EL DEBATE, PREGUNTA POR PREGUNTA

1. No les pidamos a los jóvenes que compartan sus respuestas personales. En lugar de eso, sugiramos que piensen acerca de sus respuestas y de lo que han aprendido acerca de sí mismos. La autoimagen de una persona generalmente se basa en lo que otros piensan acerca de ella. Comuniquémosles a los jóvenes que pueden controlar lo que sienten con respecto a sí mismos.
2. Solicitemos a los jóvenes que menciones aquellos rasgos de su persona de los que se sienten orgullosos. O démosles tiempo para manifestar si es que se sentirían orgullos de ser la persona que tienen a la derecha. Mantengamos el enfoque en las cualidades y logros personales.
3. Analicemos cada situación en términos generales sin pedir respuestas individuales. Podemos pedirles a los jóvenes que respondan como si fueran típicos estudiantes secundarios. Tal vez se franqueen más si les contamos cómo nos sentíamos nosotros cuando éramos adolescentes.
4. Este tema produce tensión en algunos, pero nos da la oportunidad de hablar acerca de cómo manejarnos ante personas que tienen baja autoestima. ¿En qué distintas formas de manejar la situación podemos pensar? ¿Por qué es que los hombres y las mujeres manejan estas situaciones de forma diferente? ¿Qué debería hacer un hombre que se encontrara en las condiciones de Renato?
6. Pidamos a algunos voluntarios que lean estos pasajes en voz alta. ¿Estas escrituras producen algún cambio en ellos? ¿Cómo se sienten al saber que Dios los ama incondicionalmente.

EL CIERRE

Expliquémosles claramente que todos (aun aquellos que siempre parecen estar bien) tienen sus luchan con respecto a la autoimagen. Incluso los adultos y aquellos que ya son padres se sienten mal consigo mismos de vez en cuando. Instemos a los jóvenes a mirarse como Dios los mira: como a sus hijos amados. De hecho, Dios nos manda que nos amemos a nosotros mismos de la misma manera en que amamos a los demás (Levítico 19:18). ¡Es importante para él que nos respetemos y amemos como él lo hace!

Enfaticemos el hecho de que Dios nos ha creado con un potencial, y que nos usará si le entregamos la vida a él. Existieron varios personajes bíblicos con problemas de autoestima, incluyendo a Moisés (que tenía impedimentos con respecto al habla) y Pablo (que no era de una apariencia atractiva y tenía un "aguijón en la carne"). Si seguimos menospreciándonos a nosotros mismos, Dios no podrá usarnos al máximo de nuestro potencial.

Señalemos que es difícil mantener una autoimagen positiva cuando el mensaje de los medios es otro. La televisión, la radio, las películas, la publicidad nos dicen cómo actuar, cómo arreglarnos y vestirnos, qué productos usar, cómo lograr atractivo, y con qué personas andar. Somos constantemente bombardeados por mensajes que nos dicen que no somos suficientemente buenos. Pero podemos tener control sobre eso y mantener las cosas en la perspectiva correcta con la ayuda de Dios.

Dios nos creó a su imagen. Él nos ama, se preocupa por nosotros, y envió a Cristo a morir por nosotros. Nos ama tal como somos, y no por lo que pensamos que deberíamos ser.

UN POCO MÁS

- ¿Qué piensan nuestros jóvenes sobre sí mismos? Pidámosles que se escriban una carta a ellos mismos y la coloquen en un sobre con su nombre, dirección y una estampilla. Animémoslos a expresar cómo se sienten con respecto a su persona, cuáles son sus conflictos, y en qué les gustaría cambiar. Recordémosles que no deben ser demasiado duros con ellos mismos: nadie es perfecto. Presentémosles el desafío de ponerse metas en aquellos aspectos en los que les gustaría trabajar para mejorar su autoimagen. Algunos de las cosas a lograr podrían ser no menospreciarse en su fuero interno, relacionarse mejor con el grupo de jóvenes, dedicar tiempo a trabajar como voluntarios, o establecer buenas amistades. Enviémosles estas cartas a los jóvenes un par de meses después. Que puedan comparar: ¿cómo les está yendo?, ¿qué cambios han logrado?
- Tal vez podamos analizar lo que los medios dicen sobre la autoimagen. En una pizarra o en una hoja grande de cartulina, hagamos una lista de las actitudes y mensajes específicos que los medios envían referidos al respeto por uno mismo y la autoestima. ¿Nuestros jóvenes se sienten presionados por los medios y el entorno? ¿De qué modo afectan estas presiones su autoimagen y la de otros jóvenes? ¿Cómo pueden resistirse a aceptar lo que la televisión, la radio, las películas e Internet les dicen?

EN BÚSQUEDA DEL ÉXITO

1. Menciona *una persona* que consideres exitosa, y explica por qué piensas que lo es.

2. ¿Qué te parece esto?: Dios quiere que los cristianos sean ricos y alcancen el éxito. *¿Verdadero o falso?*

3. Responde las siguientes preguntas trazando un círculo alrededor de la opción elegida.

   a. **¿Cuánto te importa ser una persona que se destaque del montón?**
   Me importa mucho
   Me importa bastante
   Casi no me importa
   No lo considero importante

   b. **¿Qué importancia tiene el dinero para ti?**
   Me importa mucho
   Me importa bastante
   Casi no me importa
   No lo considero importante

   c. **¿Quién ha logrado más éxito, según tu opinión?**
   Un millonario
   Un atleta profesional
   Un músico que se ha convertido en una leyenda
   Un maestro
   Un misionero

   d. **¿Qué preferirías ser?**
   Inteligente
   Poderoso
   Rico
   Sano

   e. **¿Qué tipo de vida quieres llevar?**
   Una vida emocionante
   Una vida espiritual
   Una vida cómoda
   Una vida plena

   f. **¿Cómo quieres que te considere la gente?**
   Como alguien extraordinario
   Como alguien importante
   Como alguien normal
   Como alguien especial

Lee los siguientes versículos bíblicos, y completa las oraciones.

Mateo 6:19-21

La gente del mundo dice que debemos ganar tanto dinero como nos sea posible, pero la Biblia dice…

Mateo 10:30

El mundo dice que solo nosotros podemos preocuparnos por nuestras cosas, pero la Biblia nos muestra que…

Lucas 6:31

El mundo dice que procuremos sacarle a la gente todo lo que podamos antes de ser estafados por ellos, pero la Biblia señala:

Lucas 16:19-25

El mundo declara que solo la gente hermosa se destaca del grupo y logra lo que quiere, pero la Biblia declara…

1 Juan 2:15-17

El mundo afirma tener mucho para ofrecernos, pero la Biblia dice…

EN BÚSQUEDA DEL ÉXITO [el éxito]

El tema de la semana

¡Démonos cuenta de que nuestra sociedad está obsesionada por el éxito! La gente se ve inundada por los diferentes mensajes acerca de cómo verse mejor, cómo ganar más dinero, y cómo captar más la atención de los demás. Los medios relacionan el éxito con el dinero, el prestigio y el poder. Nuestros jóvenes están convencidos de que deben comprarse la mejor ropa, conseguir los amigos adecuados, y andar por ahí con la gente más selecta del grupo. Esta guía de Conversaciones Dinámicas nos ayudará a analizar el éxito y lo que este significa para los cristianos.

Para comenzar

Los jóvenes generalmente tienen diferentes ideas sobre el éxito. Así que para introducir el tema podemos realizar una lista de las características que a ellos les parece que tiene el éxito. O sea, ¿qué les hace falta a los chicos de su edad para alcanzarlo? En otras palabras, ¿qué hace que una persona pueda ser considerada exitosa? Asegurémonos de establecer una distinción entre lo popular y lo exitoso. Utilicemos una pizarra o una hoja grande de papel para llevar un registro de sus respuestas. Algunas de sus sugerencias pueden ser: conseguir amigos de onda, usar ropa de moda, tener un novio o una novia, y sacar buenas notas en la escuela. Comparemos las respuestas unas con otras y tracemos un círculo alrededor de aquellas que nos parecen las más importantes. Llevemos el debate a establecer diferencias entre los rasgos de carácter (cualidades como ser amistosos y amables) y otros aspectos más superficiales (como vestir bien).

El debate, pregunta por pregunta

1. Pidamos a los jóvenes que mencionen los nombres de las personas que han escogido. ¿Por qué las eligieron? Luego hagamos una votación para definir quién es la persona más exitosa en el mundo hoy. ¿Qué podríamos decir de aquellos personajes históricos que ya no están vivos? Eso nos dará una idea aproximada de lo que consideran nuestros jóvenes como exitoso.

2. Solicitemos al grupo que vote si consideran que la declaración de esta pregunta es falsa o verdadera; debatiremos sobre el tema si se perciben desacuerdos. Ayudémoslos a distinguir entre la riqueza y el éxito, que no necesariamente son lo mismo.

3. Estas preguntas llevarán al grupo a pensar con respecto a lo que es importante para ellos. Quizá podemos pedirles respuestas; la otra alternativa es preguntarles qué piensan que escogería un adolescente tipo. Pidamos a los chicos que expliquen por qué han elegido esas respuesta para las preguntas c, d, e y f.

4. Señalemos que a menudo se da un fuerte contraste entre lo que la Biblia enseña y lo que el mundo dice con respecto al éxito. Pidamos a los jóvenes que lean las frases que han completado.

El cierre

Trasmitámosles a los jóvenes que cada persona puede tener éxito a su manera. A algunos les va mejor en la escuela mientras que otros son buenos haciendo amigos. Dios le ha dado a la gente diferentes dones y habilidades que les permiten alcanzar el éxito. Pero aun las personas más exitosas -incluyendo las celebridades más ricas y famosas muchas veces se sienten vacías e incompletas.

La Biblia pregunta: "¿De qué sirve ganar el mundo entero si se pierde la vida?" (Mateo 16:26). El éxito del mundo no dura para siempre. Dios quiere que lo busquemos a él y que procuremos hacer su voluntad en primer lugar, y luego él nos bendicirá permitiéndonos tener éxito. ¿Dónde tenemos puesto el corazón? ¿Estamos atrapados por el éxito del mundo o buscamos el éxito espiritual?

Un poco más

- Presentemos ante los jóvenes este desafío: preguntarles a sus padres si ellos (los adultos) han alcanzado el éxito, según su forma de ver. ¿Qué piensan sus padres o sus maestros que es el éxito? ¿A quiénes consideran personas de éxito sus padres o maestros y por qué? Los adultos piensan diferente de los jóvenes, y es posible que se sorprendan al escuchar sobre las figuras que los adultos consideran exitosas. Pero es importante que los ayudemos a entender que el éxito no solamente implica fama. Éxito es alcanzar cualquiera de las metas o logros que nos hemos propuesto: como terminar la secundaria o la universidad, conseguir un trabajo, formar una familia, y otros. ¿Qué les sugeriríamos a nuestros jóvenes para que obtuvieran éxito en sus vidas?

- ¿Consideramos necesaria una actividad más visual? Pidamos al grupo que recorte fotografías de revistas en las que se pueda apreciar el éxito según el enfoque de los medios y de nuestra sociedad. Se pueden incluir fotografías de artistas, atletas, políticos, o de miembros exitosos de alguna familia conocida de nosotros. Utilicémoslas para hablar acerca de cómo los medios y la sociedad perciben el éxito. ¿Qué mensajes negativos nos transmiten? ¿Qué mensajes positivos comunican? ¿Cómo se compara esta representación del éxito con la perspectiva que tiene Dios al respecto?

LA ONDA DEL GRUPO DE JÓVENES

1. ¿Qué es lo que *más* te gusta del grupo de jóvenes?

2. Menciona las *tres palabras* que mejor describen al grupo de jóvenes.

3. Si pudieras cambiar *dos cosas* de este grupo de jóvenes para hacerlo mejor, ¿cuáles serían?

4. Escribe *sí (S)* o *no (N)* al lado de cada una de las siguientes afirmaciones:
   ___ Los debates y actividades de nuestro grupo de jóvenes influyen mucho sobre mí.
   ___ Creo que nuestro grupo de jóvenes tiene un liderazgo débil.
   ___ Creo que este grupo de jóvenes está centrado en Cristo.
   ___ No creo ser parte importante de este grupo de jóvenes.
   ___ Yo asisto principalmente porque mis papás me obligan.
   ___ Estoy tratando de hacer mi parte para que este sea un grupo mejor.
   ___ No me sentiría cómodo si invitara amigos a visitar este grupo.
   ___ He crecido en mi relación con Cristo debido al grupo de jóvenes.
   ___ Le doy una prioridad a este grupo por sobre otras cosas de mi vida.
   ___ Tengo muchos buenos amigos en este grupo.

5. Lee *Efesios 4:1-6*, y haz un resumen usando tus propias palabras. ¿Cómo podría mejorar esto al grupo de jóvenes?

LA ONDA DEL GRUPO DE JÓVENES [evaluación del grupo de jóvenes]

EL TEMA DE LA SEMANA

Los jóvenes a menudo no aprecian suficientemente a su grupo de jóvenes. Cuando hay diversión y todo va bien, lo disfrutan. Pero cuando se produce alguna discusión seria o se planea alguna actividad menos emocionante, se quejan. Esta sesión nos provee la oportunidad de evaluar el estado del grupo de un modo positivo. Podemos usar la guía para Conversaciones Dinámicas con los líderes del grupo como herramienta de planificación.

PARA COMENZAR

Existen algunas formas diferentes de hacer una aproximación al tema con el grupo de jóvenes. Pero cualquiera sea la forma, tratemos de ser positivos con respecto al grupo; y evitemos que se convierta en una sesión de quejas. Animémoslos y dejémoslos hablar acerca de otros grupos que hayan visitado o de los que hayan sido parte. Permitámosles expresarse en cuanto a los pro y los contra de las actividades, de los líderes, de los estudios bíblicos, y de otras cosas. Utilicemos preguntas como disparadores: ¿Qué fue lo que más te gustó del último grupo de jóvenes del que formaste parte? ¿Qué actividades te atraían más? ¿Podías hablar con los líderes? ¿Alguna cosa te frustraba? ¿Algo de él te atrae como para sentir deseos de regresar?

Otra actividad introductoria puede ser confeccionar junto con los jóvenes una lista de características y cualidades de un grupo de jóvenes perfecto. Escribamos sus comentarios en una pizarra o en una hoja grande de papel para poder volver a ellos más tarde. Luego asegurémosles que ningún grupo de jóvenes puede ser perfecto, porque sus miembros son muy diferentes entre sí. A cada persona del grupo le gustan cosas diferentes, así que resulta difícil para los líderes complacer a todos.

Comencemos por establecer el tono del debate señalando que queremos mantenerlo positivo. Tomemos nota de los comentarios negativos que pudieran surgir, pero actuemos como moderadores del debate.

EL DEBATE, PREGUNTA POR PREGUNTA

1. Esta será una buena oportunidad para descubrir lo que a los jóvenes les gusta del grupo. Quizás resulte adecuado hacer preguntas más específicas para apreciar mejor sus preferencias en cuanto a actividades, estudios bíblicos, y otros programas. Tal vez encontremos que a los jóvenes les gusta toda una variedad de cosas. Tomemos nota como referencia para más adelante.

2. Pidamos a los jóvenes que mencionen las palabras que escogieron, y escribámoslas en una pizarra o en una hoja de cartulina, en dos columnas separadas, bajo los títulos de negativo o positivo. Preguntémosles por qué han escogido esas palabras.

3. Permitamos a los jóvenes expresar sus críticas en una forma constructiva. Recordémosles que el propósito al usar esta guía de Conversaciones Dinámicas es mejorar el grupo, no destruirlo.

4. ¿Qué cosas harían de forma diferente si ellos fueran los líderes? Démosles a este ejercicio un enfoque positivo en la medida de lo posible. Pidamos que los que lo deseen nos den una respuesta o hagan un comentario, pero deberán hablar de uno a la vez. Tal vez sería bueno pedirles que nos permitan recoger sus hojas al final del debate, para revisarlas después.

5. Solicitemos que algunos voluntarios expresen lo que esta escritura les comunica y que hagan sugerencias en cuanto a cómo estructurar el grupo de jóvenes.

EL CIERRE

Si deseamos concluir con una actividad, intentemos formar un círculo en el cual nos alentemos mutuamente. La mayoría de jóvenes no escuchan suficientes cosas buenas sobre ellos mismos, especialmente de parte de sus pares. Hagámoslo así: Todos se sentarán formando un círculo, con una persona en el medio. Los que están en el círculo le dirán un elogio a la persona que está en el centro, o harán una mención positiva. No los obligues a hacerlo. Quizás sería bueno comenzar con algunas preguntas como:

- ¿Qué significa esta persona para ti?
- ¿Qué aporte piensas que hace al grupo?
- ¿Qué características de esta persona te producen gratitud?
- ¿Tiene rasgos de personalidad que admires? ¿Cuáles?
- ¿Te ha enseñado algo acerca de Dios?

Esta experiencia puede producir sentimientos de vergüenza o timidez, especialmente en aquellos que no están acostumbrados a escuchar cumplidos. Procuremos incluir a los líderes mayores y a todos los miembros del grupo en esta actividad.

Finalmente, hagámosles saber a los chicos que son importantes para el grupo y que sus comentarios y preocupaciones serán tomados en serio. Tal vez sería oportuno invitarlos a tomar parte de las actividades del grupo, quizás ayudando con la planificación y organización de reuniones y eventos. Luego podemos concluir con una oración por el grupo y sus líderes.

UN POCO MÁS

- Invitemos a los jóvenes que estén interesados a participar de una reunión en la que efectuemos una tormenta de ideas para planificar luego actividades y programas para el siguiente año. Puede resultar un tiempo divertido para escuchar sus sugerencias y luego reflexionar sobre ellas. Podemos organizarlo en torno a un desayuno o merienda. Instémoslos a seguir aportando ideas referidas a lo que les gustaría que sucediera en el grupo.

- Pasemos algún tiempo más personal con aquellos jóvenes que están dejando el grupo o que van a pasar al grupo de jóvenes adultos. Preguntémosles qué actividades de este año les han gustado. ¿Qué cosas nuevas aprendieron? ¿Cuál fue su actividad favorita? ¿Y cuál su debate favorito? ¿Qué actividad no les gustaría volver a realizar? Contactar a los jóvenes individualmente y escuchar sus opiniones en privado constituye un excelente acercamiento.

MÁS SOBRE LOS PROBLEMAS

1. Si pudieras cambiar *algo* en tu vida, ¿qué cambiarías?

2. Te ofrecemos aquí una lista de posibles problemas que enfrentan los adolescentes. Señala los tres que te parecen más comunes.
   - ❏ No tener trabajo
   - ❏ Estar espiritualmente decaídos
   - ❏ Sentirse presionados para comenzar a tener citas
   - ❏ Tener problemas de salud
   - ❏ Obtener malas notas
   - ❏ Tener una baja autoestima
   - ❏ Consumir drogas
   - ❏ No tener amigos
   - ❏ Estar aburrido
   - ❏ Enfrentar el divorcio de sus padres
   - ❏ Ser sexualmente activo
   - ❏ Estar en problemas con la ley
   - ❏ Estar deprimido
   - ❏ No tener un automóvil
   - ❏ Tener papás sobreprotectores
   - ❏ Otros

3. ¿Qué te parece? Traza un círculo alrededor de la respuesta que mejor te describe. Comparado con la mayoría de los chicos de mi edad, yo tengo *más, menos*, o *los mismos* problemas que ellos.

4. Lee las siguientes afirmaciones y señala si crees que son *verdaderas (V)* o *falsas (F)*.
   ___ Tener problemas es normal y debemos saber que sucederán.
   ___ La mayoría de los problemas que tengo se resolverán por ellos mismos.
   ___ Lo que hago hoy determinará lo que suceda mañana.
   ___ Muchas veces es inútil tratar de mejorar las cosas.
   ___ Dios se preocupa por cada problema que tengo.
   ___ Cuando tengo grandes problemas me resulta difícil decidir qué hacer.
   ___ Cuando las cosas salen mal, no hay nada que se pueda hacer al respecto.
   ___ Los cristianos tienen menos problemas que los no cristianos.
   ___ Me siento lejos de Dios cuando tengo problemas.
   ___ Hablar con alguien acerca de mis problemas no me resulta fácil.

5. Escoge uno de los siguientes pasajes y reescríbelo con tus propias palabras.
   Proverbios 19:20-21   2 Corintios 1:3-5
   Romanos 5:3-5   1 Tesalonicenses 5:18

MÁS SOBRE LOS PROBLEMAS
[los problemas de los adolescentes]

EL TEMA DE LA SEMANA

Cada etapa de la vida presenta su propio conjunto de problemas. La mayoría de los adolescentes carecen de la experiencia y los recursos con que cuentan los adultos para enfrentar sus problemas. Algunos adolescentes no saben a quién recurrir en busca de ayuda a sus problemas o cómo solucionarlos. Esta guía de Conversaciones Dinámicas nos provee la oportunidad de hablar acerca de algunos problemas, preocupaciones y frustraciones comunes a los años de la juventud, y sobre cómo solucionarlos.

PARA COMENZAR

¿Qué problemas enfrentan hoy los chicos de secundaria? Pidamos a los jóvenes que escriban en un papel acerca de los problemas que ellos o sus compañeros enfrentan. Recojamos las hojas y leámoslas en voz alta. Proveamos un tiempo para que el grupo lleve a cabo una tormenta de ideas que les ayude a encontrar formas en las que cada problema pueda ser resuelto. ¿Los hombres confrontan los problemas de forma diferente que las mujeres? ¿Los jóvenes y los adultos enfrentan los problemas de la misma manera? ¿De qué manera enfrentan las diferentes personas sus problemas específicos?

Podemos confeccionar una lista de soluciones en un pizarrón o en una hoja de cartulina y debatir sobre las diferentes formas de encarar los problemas (por ejemplo, confrontar a una persona en lugar de hablar de ella a sus espaldas). También se pueden analizar las formas más adecuadas de enfrentar los problemas (como dejar que el enojo se calme en lugar de golpear a nuestro hermano).

EL DEBATE, PREGUNTA POR PREGUNTA

1. Confeccionemos una lista referencial de todos los cambios que a los jóvenes les gustaría hacer. ¿Sobre qué problemas tienen control y sobre cuáles no?
2. Realicemos una votación sobre estos problemas para determinar a cuáles podemos considerar como los peores. Quizás el grupo quiera colocarlos en un orden.
3. ¿Qué responderían en cuanto a los jóvenes marginados? ¿A los discapacitados? ¿A los que viven en regiones de extrema pobreza? ¿A los que padecen SIDA o cáncer? El grupo podrá enfocar entonces sus propios problemas bajo una luz diferente.
4. Si obligar a nadie a participar, dediquemos un tiempo a hablar acerca de cada una de las cosas que han señalado y a remarcar cuáles han sido las más elegidas por el grupo. ¿Tiene el grupo alguna pregunta acerca de cómo resolver los problemas? ¿Qué consejos les darían a otros?
5. Estos versículos consideran los problemas desde diferentes perspectivas. Pidamos que aquellos que lo deseen lean las paráfrasis que han escrito sobre estos versículos. ¿Cómo se aplica todo esto a los jóvenes de hoy?

EL CIERRE

Los personajes bíblicos enfrentaron problemas de toda índole. Un claro ejemplo lo constituye la historia de David y Goliat. Goliat representaba un problema enorme (¡descomunal!) para David. Probablemente algunos le hayan dicho: "David, ¡mira al gigante! ¡Es enorme! ¡No hay forma alguna en que puedas vencerlo!" Pero la actitud de David al preparar su onda fue otra. "No. ¡Puesto que el gigante es tan grande, no hay forma en que pueda fallar!" Transmitámosles a los jóvenes la confianza de que los problemas más grandes son solo oportunidades para crecer. Es la manera que usa Dios para hacerlos más fuertes y sólidos en su fe.

Expliquemos a los chicos que todo el mundo tiene problemas. Como líderes, tengamos cuidado de no minimizar sus problemas. Tomemos conciencia de que algunos de los miembros del grupo pueden estar enfrentando problemas grandes y complicados (tal vez padres que abusan de ellos, algún desorden alimentario, o una depresión). Hagámosles saber a nuestros jóvenes que estamos dispuestos a hablar de sus problemas. Si ellos no pueden o no quieren hablar con sus padres, instémoslos a buscar algún adulto de confianza, sea un líder, el pastor, o un consejero.

Lo más importante es recordarles que Dios los está esperando y está dispuesto a escucharlos. Animémoslos a recurrir a él con sus problemas. Sus brazos están abiertos para abrazarlos y darles su paz.

UN POCO MÁS

- Llevemos a los jóvenes a pensar en el problema más grande que enfrentan en este momento. ¿Es con sus amigos? ¿Tiene que ver con obtener buenas calificaciones en la escuela? ¿Se relaciona con la presión que ejercen sobre ellos sus pares? Pidámosles que escriban cuál es ese problema en una hoja de papel (junto con la fecha de su cumpleaños, en lugar de su nombre) y que lo expliquen un poco en la mitad superior de la hoja. Luego entreguemos esas hojas de problemas a algunos jóvenes universitarios, a algunos padres o a otros adultos, para que ellos escriban debajo algunos pensamientos, consejos, o versículos que los ayuden a enfrentar el problema. Luego les devolveremos las hojas a los jóvenes (guiándonos por las fechas de cumpleaños) y les pediremos que reaccionen al consejo que recibieron. ¿Les fue útil? ¿Qué tipo de consejo recibieron? Comuniquémosles que la gente de más edad que ellos ha experimentado algunos de los problemas que ellos enfrentan ahora. Utilicemos esta actividad para instar al grupo a buscar consejo y apoyo en los adultos.
- Desarrollemos una red de apoyo por correo electrónico para contención de los jóvenes. Sugirámosles que escriban incluyendo aquellos pedidos de oración y las cargas por las que les gustaría que otros oraran. Distribuyamos la lista de oración dentro del grupo una vez por semana. Enfaticemos la importancia de apoyarnos mutuamente en oración, y de orar por nuestras propias necesidades.

WWW.MÚSICAPOP.COM

1. **Cuéntanos un poco acerca de ti.**

   Mi *cantante o banda* favorita es:

   Mi *canción* favorita es:

   El *músico que menos me gusta* es:

   La canción que *menos me gusta* es:

2. **Traza un círculo alrededor del promedio de tiempo que pasas escuchando música por día.**

Nada	1 hora	4 horas
5 minutos	2 horas	8 horas
30 minutos	3 horas	Todo el día

3. **Volvamos a tu canción favorita. ¿Sobre qué trata? Haz un resumen del mensaje de la canción en una frase.**

4. **Lee las siguientes afirmaciones y señala si te parece que son *verdaderas (V)* o *falsas (F)*.**

   ___ Si una canción tiene una letra cuestionable, o está cantada por alguien cuyo estilo de vida resulta un mal ejemplo para otros, no la podemos considerar buena música.

   ___ Es importante que los cristianaos escojan la música con cuidado.

   ___ La música popular de hoy no es peor que la de otros tiempos.

   ___ Los cristianos solamente deberían escuchar música cristiana.

   ___ Yo escucho lo que quiero, dentro de lo razonable.

   ___ Si Jesús fuera un joven hoy, probablemente escucharía la misma música que yo.

   ___ La música realmente no tiene tanta influencia.

5. **¿Qué te parece que dice cada uno de estos pasajes acerca de escuchar música secular?**
   Deuteronomio 6:4,5
   Gálatas 2:17-21
   Filipenses 1:27
   Colosenses 2:6-8

www.músicapop.com [la música popular]

El tema de la semana

Es sabido que los jóvenes y los adultos de la iglesia valoran la música de forma distinta. La mayoría de los adolescentes escucha una música diferente a la de los adultos. ¡Y está bien! Muchos jóvenes se identifican con sus pares al escuchar la misma música que sus amigos. Esta guía de Conversaciones Dinámicas ha sido pensada para facilitar un debate equilibrado sobre la música pop.

Para comenzar

Iniciemos el debate escuchando algunos CDs de música pop. Pidámosles a los jóvenes que para este fin traigan sus CDs favoritos. A ellos les gusta oírla con el volumen bien alto, así que podemos ponerle un poco de humor al debate diciendo que necesitamos que nos ayuden a entender esa música que satura la cultura juvenil.

Si los tenemos aun, traigamos algunos discos de los que disfrutábamos cuando éramos adolescentes. La mayoría de los jóvenes está familiarizados con la música de todas las décadas, incluyendo la de los 70 y la de los 80.

Es importante que la discusión se deslice por carriles positivos, sin que el grupo de jóvenes considere que estamos criticando su música. Tratemos de ser objetivos y escuchemos sus ideas y opiniones.

El debate, pregunta por pregunta

1. Pidámosles a los jóvenes que mencionen sus músicas favoritas y que digan por qué las escogieron. Anotemos los resultados en una pizarra o en una hoja grande de papel para descubrir qué artistas, canciones y estaciones de radio han obtenido la mayor parte de los votos.
2. Averigüemos cuándo escuchan música los jóvenes: antes de ir a la escuela, durante la hora del almuerzo, solo en el automóvil, únicamente los fines de semana, u otras variantes. ¿Cuánto tiempo dedican a escucharla?
3. Esto puede mostrarles que tal vez ni siquiera conozcan el mensaje de ciertas canciones. La mayoría de las personas escucha en forma pasiva sin prestar demasiada atención a las palabras. Analicemos sus canciones favoritas: ¿La letra es cuestionable? ¿Cuál es el mensaje de esa canción? ¿Habla acerca de problemas morales? Señalemos que aunque no le presten atención a la letra, de todas maneras la música se les mete en la cabeza y puede influir sobre ellos, aunque piensen que no.
4. Hagamos que los chicos lean estas frases en voz alta, por turnos, y preguntémosles que piensan sobre cada una. Démosles tiempo para debatir y dejemos nuestros comentarios para la conclusión.
5. Pidamos a algunos que se ofrezcan a leer la aplicación que han hecho de estos versículos a su música. Luego analicemos juntos por qué creó Dios la música (él quiere que la disfrutemos y que la usemos para glorificarlo). Hablemos acerca de los tipos de música que Dios aprueba y de los que no le gustan. Expliquemos que él quiere que la música que escuchemos nos edifique y aliente.

El cierre

La música pop es uno de tantos estilos. Nadie puede evitar que los jóvenes escuchen música inadecuada con letras cuestionables. Los adolescentes gastan millones de dólares en CDs de música cada año. Es importante advertirles que deben estar alerta sobre el tipo de música que escuchan, ya que la música puede influir sobre ellos. No es malo que les guste el pop (o el rap, o el country, o cualquier otro tipo de música), pero es absolutamente errado que los cristianos gasten su tiempo y dinero en cosas que no están a la altura de los valores de Dios.

Algunas preguntas que podemos sugerirles que se hagan son: "¿Esta música me lleva más cerca de Dios o me aleja de él?", "¿Coincide lo que dice la canción con lo que creo?", "¿La canción apoya o contradice los valores cristianos?" Instémoslos a poner más atención a las canciones que escuchan mientras mantienen estas preguntas en mente.

Ahora es el momento de dar a conocer nuestras opiniones acerca de la música y afirmar nuestros valores. Tal vez tengamos una opinión diferente de la de los jóvenes. Hablémosles del tipo de música que nos gusta escuchar y por qué. Preguntemos a los chicos qué grupos seculares y qué bandas cristianas les parecen buenos para escuchar. Recordemos que no es sencillo darle el título de "cristiana" a una banda hoy en día; hay mucha cosa mezclada. Instémoslos a escuchar cuidadosamente las letras de las canciones. ¿De qué se están llenando la mente?

Un poco más

- Pidamos al grupo que analice la lista de las 40 canciones de mayor éxito actualmente y que califiquen cada canción según el contenido de su letra, el estilo de vida del artista, la música misma, y cualquier otro criterio que escojamos. Luego de calificar a cada una, deberán armar su propia lista con las 40 mejores.
- Instemos a los chicos a leer la letra de las canciones que escuchan. Es sorprendente lo diferente que parece una canción después de leer la letra. Tal vez podríamos leer alguna de las letras con los jóvenes, analizarla y luego escuchar la canción. ¿De qué modo el leer la letra afectó nuestra comprensión de ella?
- Busquemos la revista Plugged In en www.family.org/pplace/pi (de Enfoque a la Familia) para descubrir las tendencias más recientes en música, televisión y cine. Esta constituye una herramienta útil para obtener información a usar en debates, noticias y reseñas. También podemos buscar en www.youthspecialties.com información y enlaces con otras páginas para acceder a nuevos temas de debate y noticias más recientes referidas a la cultura adolescente.

¡QUÉ BOCOTA!

1. Anota *tres frases de la jerga* que usan tú y tus amigos con frecuencia (¡nada sucio!) y define lo que significan esas expresiones.

2. Menciona algunas de tus experiencias:
   Una ocasión en que *te sentiste herido/a* por algo que alguien dijo sobre ti.

   La vez en que *dijiste algo* que luego deseaste no haber dicho nunca.

   El día en que *pensaste algo malo* acerca de alguien pero no se lo dijiste.

3. En tus propias palabras explica lo que quiere decir este versículo sobre nuestro lenguaje. "Pero nadie puede domar la lengua. Es un mal irrefrenable, lleno de veneno mortal" (Santiago 3:8).

4. ¿Cuál de estas actitudes consideras más *hiriente para los demás*? ¿Por qué?
   - Criticar a uno de nuestros hermanos.
   - Hacerle un comentario sarcástico a nuestra mamá.
   - Maldecir por habernos tropezado y golpeado un dedo.
   - Burlarnos de un compañero de clase por la ropa que usa.
   - Decirle a un maestro que detestamos su clase.
   - Reírnos de los errores de otros.
   - Decirle a alguien que es un inútil.
   - Retirarle la palabra a nuestro novio o a nuestra novia.
   - Insultar a un compañero de equipo.
   - Burlarnos del aspecto de alguien.

5. Completa las siguientes frases basándote en lo que dicen los versículos.

   Proverbios 13:3   Es importante pensar antes de hablar porque…

   Santiago 3:5   Mi boca me puede meter en problemas porque…

   2 Timoteo 2:16   Quiero agradar a Dios con las palabras que salen de mi boca porque…

¡QUÉ BOCOTA! [controlar la lengua]

EL TEMA DE LA SEMANA

Los adolescentes escuchan chismes desagradables, palabras abusivas, y lenguaje vulgar en todas partes. Es más, la mayoría de nuestros jóvenes considera que esto es lo normal en la sociedad. Ciertas palabras están instaladas en el vocabulario de nuestra sociedad; resulta inevitable escucharlas en películas, programas de televisión y radio, canciones, y aun en las escuelas. Lamentablemente, nuestros jóvenes podrían hacer una larga lista de las palabras que escuchan todos los días; algunas de las cuales nos asombra escuchar en boca de los adolescentes. Esta guía de Conversaciones Dinámicas nos ayudará a analizar la relación entre la fe cristiana y las palabras que muchos jóvenes dicen.

PARA COMENZAR

Tal vez los chicos no se den cuenta de la cantidad de lenguaje negativo que utilizan. La mayoría de las veces lo hacen de manera inconsciente; y no tienen la intención de lastimar a los demás con sus palabras. En otras ocasiones lo hacen a propósito. No importa cuál sea el caso, deben tener control sobre la forma en que hablan y sobre las cosas que dicen.

Escojamos una palabra de las que son comúnmente usadas por el grupo; no una mala palabra, sino una que utilicen a menudo. Todos los grupos de jóvenes tienen ciertas palabras o frases tomadas de una jerga vulgar que usan con frecuencia. Seleccionemos una palabra y escribámosla en una pizarra o en un lugar en el que los jóvenes la puedan ver. Si durante el desarrollo del tema con la guía para Conversaciones Dinámicas alguien utiliza la palabra o las palabras que escogimos, pidamos a los jóvenes que lo mencionen en voz alta. Determinemos una consecuencia leve (y algo divertida) por usar esa palabra durante el tiempo de debate (tal vez ser rociados con una pistola de agua o que alguien haga una payasada). Incentivemos a los jóvenes a poner atención en su forma de hablar y en cuanto a las palabras que escogen. ¿Cuántas veces usaron la palabra que indicamos no utilizar? ¿Les resultó difícil llevar un registro de las cosas que decían?

¡Es demasiado difícil controlar la legua! Muchos jóvenes usan algunas palabras sin ni siquiera pensar en su sentido, hasta palabras ofensivas y lenguaje grosero. Y esto incluye insultos, chismes, menosprecio, burlas, y otras palabras hirientes.

EL DEBATE, PREGUNTA POR PREGUNTA

1. Pidámosles a los jóvenes que menciones algunas expresiones vulgares y que las expliquen. ¿Saben ellos cómo se originaron estas expresiones?
2. Solicitemos a los miembros del grupo que nos cuenten sus experiencias. Mostrémosles lo fácil que resulta meterse en problemas a través de lo que uno dice. Pero, ¿qué es peor, decir algo malo o pensarlo?
3. Las palabras pueden ser devastadoras y causar gran dolor a otras personas. Como las heridas físicas, las heridas interiores causadas por palabras duras tardan mucho en sanar. Nuestra legua es un arma: puede lastimar a otros, causar problemas, e incluso destruir relaciones. En la Biblia Dios nos previene al respecto.
4. Definamos junto con el grupo cuál de estas opciones es la peor y por qué. ¿Quién resulta más lastimado en estas situaciones? ¿Con qué casos se sienten más identificados los jóvenes?
5. Pidamos a los chicos que lean sus frases. ¿Cómo se aplican estos versículos a sus vidas? ¿Qué debemos hacer como cristianos cuando nos vemos rodeados por tanto lenguaje negativo? Cuándo amamos a Dios, ¿de qué manera afecta esto a la forma en que tratamos a los demás cuando les hablamos?

EL CIERRE

Blaise Pascal dijo una vez: "Las palabras frías congelan a las personas y las palabras muy calientes las queman; las palabras amargas, amargan y las palabras airadas las ponen furiosas". Por otro lado, las palabras amables y bien intencionadas logran maravillas. Los cristianos deberían ser más generosos en su uso.

Instemos a los jóvenes a rendirse cuentas los unos a los otros, tanto entre sus amigos como entre familiares, por su leguaje. Si nuestros chicos están luchando por no usar ciertas palabras, sugirámosles que busquen un amigo o pariente al que puedan decírselo. El insultar es un mal hábito, pero podemos romper con él. Necesitamos dominio propio, y podemos lograrlo con el apoyo de otras personas. Ayudémoslos a establecerse metas personales en cuanto a cambiar su lenguaje.

Finalmente, animemos a los jóvenes a buscar a alguna persona a la que hayan lastimado con su lengua y a pedirle perdón por haberle dicho palabras hirientes. Expliquémosles lo importante que es pedir perdón y sanar sus relaciones con los demás. Dediquemos unos minutos a orar por los jóvenes, pidiéndole a Dios perdón y ayuda para que puedan controlar la legua.

UN POCO MÁS

- ¿Con qué frecuencia se usan los insultos? Hagamos que los chicos del grupo lo indaguen por ellos mismos. Pidamos a cada joven que mire un programa de televisión o una película durante la semana y que lleve un registro de las veces en que se utilizan insultos o lenguaje vulgar. Hagámosles escribir las palabras y la cantidad de veces que se dijeron. Comparemos los resultados la semana siguiente. ¿Qué programas o películas contenían más palabras inadecuadas? ¿Cómo encajaba ese lenguaje con lo que sucedía en la historia? ¿Qué resultados produjo ese lenguaje, si es que produjo algo?
- Pidámosles a los chicos que busquen en sus CDs canciones cuya letra contenga lenguaje negativo o insultos y que las traigan la semana siguiente. Tengamos cuidado con respecto a las que vayamos a leer en voz alta. Señalemos que es fácil escuchar la música sin prestar atención a las palabras. ¿Cómo afecta nuestra forma de pensar el escuchar música con cierto tipo de lenguaje? ¿Cómo afecta nuestras actitudes y el trato con los demás?

EL HAMBRE DUELE

1. ¿Cuál es *tu comida* favorita?

   ¿Cuál es *tu bebida gaseosa* favorita?

   ¿Cuál es *tu postre* favorito?

2. ¿Por qué comes lo que comes? Marca con una flecha la respuesta que consideres más común.
   - Es saludable
   - Está en el menú y es más barato
   - Me gusta, y sabe bien
   - Encaja en mi dieta
   - Parecía bueno en el comercial
   - Es lo que preparan en mi casa
   - Es lo que venden en la escuela

3. ¿Qué te parece? Marca con una *S (sí, eso creo)* o con una *N (no, no lo creo)*.
   - ___ Hay menos gente con hambre en mi país que en otros países.
   - ___ La comida es tan barata que todos pueden comprarla.
   - ___ Los líderes poderosos del mundo son los responsables de que haya países con hambre.
   - ___ Ayunar y morirse de hambre no son la misma cosa.
   - ___ Probablemente Dios quiera que algunas personas padezcan hambre.
   - ___ Puedo identificarme con la gente que se muere de hambre.
   - ___ La Biblia no dice nada acerca de solucionar los problemas del hambre en el mundo.
   - ___ El comer de más no tiene nada de malo.
   - ___ El hambre mundial no es nuestro problema.
   - ___ La gente que muere de inanición se lo ha buscado.

4. Reescribe en tus propias palabras lo que dice cada versículo acerca del hambre y de los pobres.

   Deuteronomio 14:28,29

   Mateo 25:34-36

   Lucas 16:19-26

   Hechos 11:28-30

EL HAMBRE DUELE [el hambre en el mundo]

EL TEMA DE LA SEMANA

La mayoría de los adolescentes de los Estados Unidos no tiene contacto con el hambre en el mundo. A veces escuchan hablar sobre ello, o ven fotografías de gente muriendo de hambre en los noticieros o en las revistas, pero no logran identificarse con estas personas. Nuestra sociedad no puede esperar que los jóvenes entiendan el problema de la pobreza. Algunos países o comunidades tienen suficiente riqueza y cuentan con un alto porcentaje de obesidad. Nuestra guía para Conversaciones Dinámicas de hoy ha sido diseñada para ayudar al grupo a pensar en sus propios hábitos alimenticios a la luz del hambre en el mundo y de lo que Dios tiene que decir al respecto.

PARA COMENZAR

El tema admite distintas formas de introducción, tomando en cuenta al grupo. Si generalmente las reuniones son por la noche y se sirve comida, programemos algo diferente para este encuentro. La gente que vive en regiones de extrema pobreza no tiene opciones en cuanto a lo que come; no pueden darse ciertos gustos. De hecho, a menudo ni siquiera tienen agua potable. Así que para esta reunión, pidamos a la persona encargada del refrigerio que prepare solamente arroz. Sirve un solo cucharón de arroz (sin ningún condimento) a cada joven. Solamente una cucharón de arroz y un vaso de agua. Expliquémosles entonces que si estuvieran viviendo en una región pobre no se quejarían por comer arroz y agua fresca. Llevémoslos a pensar sobre esto mientras tienen hambre y tal vez desean comer una crocante pizza. Luego podemos servirles un delicioso refrigerio, pero una vez terminado el debate. ¿No pueden sobrevivir sin su comida favorita? Podemos mostrarles afiches y videos de organizaciones como Visión Mundial (www.wvi.org) o Compasión Internacional (www.ci.org), que muestran condiciones de hambre y pueden conseguirse a bajo costo. Allí se presentan historias reales e imágenes de pobreza y hambre de muchos de los países emergentes. Tal vez sería bueno conseguir uno y mostrarlo como introducción al debate.

EL DEBATE, PREGUNTA POR PREGUNTA

1. ¿Quién no tiene una comida favorita? ¡Los chicos podrán dar muchas respuestas a esta pregunta! Sin la intención de juzgarlos, señalemos que en la mayoría de los países o regiones muchos jóvenes no tienen opciones a la hora de comer. La mayoría de las personas jamás imaginaría poder probar la maravillosa variedad de comidas con que contamos nosotros.
2. Después de que el grupo haya expuesto sus respuestas, preguntémosles qué creen que habrían respondido los jóvenes con hambre de las regiones en extrema pobreza. ¿Qué comida no les resultaría adecuada?
3. Estas afirmaciones deberían generar algún tipo de debate. Dejémosles expresar sus opiniones con respecto a cada una y pidámosles que den sus razones para estar o no de acuerdo.
4. Echemos un vistazo a los pasajes y preguntemos al grupo cómo los aplicarían a sus vidas. Tal vez ellos tengan algunas preguntas sobre por qué Dios permite el hambre o por qué bendice a otras regiones.

EL CIERRE

Ayudemos al grupo a entender que los cristianaos no pueden quedarse pasivos, sin mostrar preocupación por aquellos que no tienen comida. Tony Campolo ha dicho: "Nuestros corazones deben sentirse contristados por aquellas cosas que contristan el corazón de Dios". Dios ama a cada persona que muere de hambre en Somalia tanto como nos ama a nosotros.

Solo porque no podamos ir a ayudar a un país que muere de hambre no significa que no debamos hacer nada por combatir el hambre allí. Hagámosles saber a nuestros jóvenes que todos podemos realizar un aporte. Narremos la historia bíblica sobre la alimentación de los cinco mil (Marcos 6:38-44), en la que Jesús usó una comida escasa para alimentar a la multitud. De la misma manera, podemos ayudar económicamente a las organizaciones que Dios está usando para alimentar a los que pasan hambre: él multiplicará nuestros donativos.

Es fácil dar por sentado que tendremos comida porque siempre la hemos tenido. Pero debemos considerar los alimentos como un regalo de Dios. Podríamos terminar esta sesión haciendo una oración por el hambre en el mundo y agradeciéndole a Dios por la bendición de la comida.

UN POCO MÁS

- Organizaciones como Compasión Internacional, Visión Mundial y muchas otras necesitan nuestro apoyo financiero. Quizá podríamos organizar alguna actividad con el grupo para recaudar fondos para una de estas agencias cristianas. Existen varias posibilidades, como, por ejemplo, lavar automóviles los sábados por la tarde, programar un desayuno, armar una venta de baratillo, o realizar una subasta de servicios. Publicitemos la actividad para lograr una recaudación que ayude a paliar el hambre en el mundo. A la vez, utilicemos esta oportunidad para crear conciencia entre otras personas acerca de esta necesidad.

- Invitemos a nuestros jóvenes a participar en un ayuno de 24 horas por el hambre en el mundo. Podemos realizar esta actividad de diferentes maneras. Algunos grupos recogen donaciones de la gente y utilizan el ayuno como momento para recaudar los fondos. Otros grupos simplemente inician el ayuno con oración, ayunan durante 24 horas, y luego se reúnen para compartir una cena. Asegurémonos de hacerlo en una época del año que resulte adecuada, para que no afecte la salud de los jóvenes que participen (¡no deseamos que los padres llamen para quejarse de que su hijo se ha desmayado durante su entrenamiento de fútbol por no comer!). Así que, tomemos los recaudos para obtener el apoyo de los padres y su participación también.

LA GUÍA PATERNA

1. Menciona *tres cosas que te gustan* de tus padres. ¿Qué tres cosas de ellos te hacen sentir frustrado?

2. Coloca una *X* en el punto de la escala donde consideras que se encuentra la relación con tus padres.

   ◆ ▪▪▪▪▪▪▪▪▪▪▪▪▪▪▪▪▪▪▪▪▪▪▪▪ ◆
   Cercana a mis padres   Muy alejada de ellos

3. Si fueras uno de tus padres o tutor:

   ¿Qué cosas harías *más*?

   ¿Qué cosas harías *menos*?

4. ¿Qué piensas de estas opiniones?
   ¿Son verdaderas (V) o falsas (F)?
   Mis padres:
   ___ No tienen la mejor idea acerca de mis problemas personales.
   ___ Se pelean entre sí.
   ___ No confían en mí.
   ___ No aprueban a mis amigos.
   ___ No me permiten hacer lo que hacen mis amigos.
   ___ Escuchan muchas de mis opiniones.
   ___ Me tratan como a un adulto.
   ___ Intentan controlar demasiado mi vida.
   ___ Me dan todo el dinero que quiero.
   ___ Siempre me regañan.
   ___ Esperan demasiado de mí.
   ___ No les interesa qué es lo que hago o cuándo lo hago.

5. Elige un versículo y haz un resumen referido a lo que dice acerca de los padres.
   Deuteronomio 6:5-7
   Salmo 78:5
   Proverbios 1:8-9
   Efesios 6:1-4

LA GUÍA PATERNA [los padres]

EL TEMA DE LA SEMANA

A medida en que los jóvenes crecen, van tomando distancia de sus padres y formando una identidad propia. La mayor parte de ellos probablemente ya lo ha hecho. Esto puede ocasionar cierto grado de malestar y rebeldía en la casa. Los padres a veces dan la impresión de ser anticuados y exageradamente estrictos. Esta guía para Conversaciones Dinámicas nos ayudará a analizar con los jóvenes la relación entre padres e hijos desde un ángulo positivo. ¡Y ojalá los ayude a darse cuenta de que sus padres también son personas!

Tal vez nuestros chicos provengan de diferentes tipos de familias, lo que puede incluir hogares con padres divorciados, familias de un solo padre, y hasta orfanatos. Seamos sumamente cuidadosos al conducir el debate. No presupongamos que todos los jóvenes proceden de un hogar tradicional que cuenta con sus dos padres.

PARA COMENZAR

En una hoja grande de papel o en una pizarra, escribamos junto con los jóvenes algunas de las cosas que les gustaría cambiar en sus padres si pudieran. Comencemos sugiriendo algunas ideas como: "Que me dieran más libertad", "Que no me obliguen a tomar clases de guitarra", y otras semejantes. Si los chicos no quieren ser específicos, no los forcemos a ello.

En otra hoja grande de papel, pidamos a los jóvenes que escriban algunas de las cosas que sus padres quisieran cambiar de ellos. Mantengamos a los jóvenes dentro de una perspectiva correcta (quizás haya algún joven que escriba "Nada, soy perfecto").

Ahora comparemos las dos listas. Señalemos que tanto los padres como los hijos tienen sus fallas y cometen errores (¡son humanos!). Y hagamos que tomen conciencia de que la relación entre padres e hijos parte de dos puntos de vista distintos: los padres ven las cosas de una manera y sus hijos de otra. ¡Y eso está bien! Recordémosles que el respeto es la clave en la relación con los padres. ¡Después de todo, son sus padres los que los alimentan, visten y pagan todos sus gastos!

EL DEBATE, PREGUNTA POR PREGUNTA

1. Confeccionemos una lista de los rasgos positivos y negativos que notamos en los padres para que ellos la consideren. ¿Qué es lo que los chicos del grupo aprecian más de sus padres? ¿Y qué es lo que aprecian menos?
2. ¿Hacia dónde creen los chicos que apunta la relación con sus padres? Algunos jóvenes piensan que no tiene "onda" llevarse bien con los padres, otros, en cambio, sí. Tal vez podríamos contarles algunas experiencias propias en cuanto a la relación con nuestros padres (de cuando éramos jóvenes, por supuesto). Una vez que se hayan expresado, propiciemos una tormenta de ideas para descubrir diferentes formas en las que pueden mejorar la relación con sus padres.
3. Permitamos a los jóvenes manifestar sus opiniones, pero no dejemos que el encuentro se convierta en una sesión de quejas. Ningún padres es perfecto. Preguntemos a los jóvenes la razón por la que han escrito esas respuestas.
4. Consideremos cada una de las áreas problemáticas y notemos a cuáles de las afirmaciones han respondido que son verdaderas en mayor número. Detengámonos a preguntarle a los jóvenes si creen que de alguna manera podrían cambiar esa situación. Por ejemplo, ¿de qué manera piensan que podrían ganase la confianza de sus padres? ¿Qué pasos deberían dar para comunicarse mejor con ellos?
5. Pidamos a los jóvenes que lean estos pasajes y analicen algunas formas en las que podrían poner en práctica estos versículos dentro de la relación padre-hijo. ¿Qué consejo les da Dios a ellos?

EL CIERRE

Enfaticemos que la mayoría de los padres quiere lo mejor para sus hijos. Han invertido tiempo y esfuerzo en la vida de sus hijos y se preocupan por ellos. Tal vez no son perfectos, pero son los únicos padres con que los jóvenes cuentan. Dios nos ha dado los padres y debemos ser agradecidos por esto.

Sugiramos a los jóvenes que miren a sus padres como personas, y no solo como padres. Recordemos al grupo que en Éxodo 20:12 Dios ordena honrar y obedecer a los padres, aun si no lo desean. Se trata de una orden (es uno de los Diez Mandamientos) que viene con una promesa también. Señalemos que nunca van a lamentar el haber amado y honrado a sus padres.

Podemos concluir con una oración por los padres de todos y dar gracias por ellos. Tomemos un momento para que los jóvenes puedan orar en silencio por su relación con sus padres y los conflictos que enfrentan.

UN POCO MÁS

- Entreguémosles a los jóvenes un cuestionario sobre sus padres para que lo completen durante la siguiente semana. Para poder obtener las respuestas tendrán que hablar con sus padres. Algunas buenas preguntas a incluir son: ¿Cuántos años tenían tus padres cuando comenzaron a salir? ¿A dónde fueron en su primera cita? ¿Qué títulos académicos han logrado? ¿Cómo se sintieron al nacer los hijos? ¿Cómo celebraron su primer aniversario?
- Otra posibilidad es invitar a los padres a la reunión para integrar un panel de preguntas y respuestas. Dividamos el salón, colocando a los padres en un lado y a los jóvenes en el otro. Presentemos algunas escenas de la vida real para luego pedir a los padres que defiendan su postura ante los jóvenes. A su vez, los hijos harán lo mismo. Algunas situaciones sugeridas: llegar más tarde de la hora permitida, los padres estableciendo restricciones en cuanto a los programas de televisión y películas que pueden ver, un papá que reacciona por encontrar a su hijo visitando una página cuestionable de Internet, y otras. Estos padres e hijos pueden tener diferentes perspectivas entre ellos, pero esta constituye una excelente ocasión que los jóvenes entiendan mejor a sus padres (¡y viceversa!)

¡ME SACAS DE LAS CASILLAS!

1. Menciona *tres cosas* que te enojen muchísimo.

2. ¿Cómo terminarías estas frases?
   Cuando mi *mamá* se enoja, ella...

   Cuando mi *papá* se enoja, él...

   Cuando *yo* me enojo, ...

3. ¿Qué te parece? Coloca una *S (sí, eso creo)*, o una *N (no, no lo creo)* junto a cada frase.
   ___ Algunas personas se vuelven demasiado violentas cuando se enojan.
   ___ Existen maneras positivas y negativas de expresar el enojo.
   ___ Tengo el derecho a enojarme cuando alguien me lastima.
   ___ Me enojo con mucha frecuencia.
   ___ La gente que pierde el control es inmadura.
   ___ El enojo no es una cosa tan importante, en realidad.
   ___ Es bueno esconder el enojo.
   ___ La ira es un pecado.
   ___ Los cristianos deberían expresar su ira en forma diferente de los no cristianos.

4. ¿Cómo responderías en estas situaciones?

   a. Alguien te insulta.

   b. Tus padres te culpan por algo que no hiciste.

   c. El entrenador no te dejará jugar en el próximo partido.

   d. Alguien te roba el monedero de la mochila.

   e. Un profesor te pone una nota baja en el examen.

   f. Estás enojado contigo mismo.

5. Lee cada uno de estos versículos y completa las frases con tus propias palabras.
   Proverbios 14:17   Cuando me enojo, yo...
   Proverbios 15:1   Cuando hablo, yo...
   Proverbios 29:11   Puedo controlar mi enojo si...
   Efesios 4:26   Si estoy enojado, yo...

¡ME SACAS DE LAS CASILLAS! [el enojo]

EL TEMA DE LA SEMANA

El enojo es una emoción muy fuerte y difícil de manejar, en especial para los adolescentes. Se dice que: "El enojo, como el fuego, finalmente se apaga, ¡pero no sin dejar destrucción a su paso". La mayoría de los jóvenes no sabe cómo manejar la ira. A través de esta guía para Conversaciones Dinámicas le proporcionaremos al grupo la oportunidad de hablar acerca del enojo, de la búsqueda de soluciones apropiadas, y también de analizar las maneras en que un cristiano debería manejar estas cosas.

PARA COMENZAR

Iniciemos el tema dividiéndonos en pequeños grupos y pidiéndole a cada uno que considere una de las siguientes situaciones:

- Nuestros padres nos han castigado por llegar diez minutos más tarde de la hora acordada.
- Nuestro novio o novia nos ha mentido.
- El entrenador no nos deja jugar por cinco partidos consecutivos.
- Algunos de nuestros amigos han salido el fin de semana pasado sin invitarnos.
- El automóvil en el que ibas a la escuela se descompuso en el camino y te castigaron por llegar tarde.
- El maestro nos llenó de tareas, ¡como si no tuviéramos nada que hacer!
- Nuestro jefe siempre nos cambia el turno para las noches del fin de semana.
- Rechazaron nuestra solicitud de ingreso en la universidad que elegimos.

Pidamos a los grupos pequeños que piensen ideas y hagan una lista de posibles reacciones a cada una de estas situaciones. Incluso podemos pedirles que dramaticen las situaciones. O tal vez discutir las diferentes reacciones entre todos. ¿Qué posibles reacciones serían mejores (o más eficaces) que otras? ¿Cómo podrían manejar los jóvenes estas situaciones de otra manera? ¿Vale la pena enojarse en estos casos? ¿Por qué?

EL DEBATE, PREGUNTA POR PREGUNTA

1. Hagamos una lista de las cosas que más enojan a los jóvenes. ¿Cómo reaccionan ellos generalmente? ¿Por qué?
2. Pidamos a los chicos del grupo que lean las frases que han completado. A veces existen similitudes entre la forma en que manejan su ira los padres y el modo en que lo hacen los jóvenes. ¿Nuestros jóvenes reaccionan como sus padres? ¿Por qué?
3. Muchos jóvenes tienen dificultades para expresar su enojo, tanto si se lo guardan, como si lo dejen salir en expresiones destructivas. La ira es una reacción emocional, y no un pecado. Lo que cuenta es la forma en la que manejamos la ira. Animémoslos a analizar formas saludables de manejar el enojo, pero no le restemos importancia al hecho de que a veces está bien enojarse. Especialmente cuando el enojo puede llevarnos a resultados finales positivos, como restablecer una amistad, sanar una relación, o entender mejor una situación
4. Este ejercicio le proporcionará al grupo la oportunidad de analizar formas apropiadas e inapropiadas de manejar nuestro enojo. Démosles espacio para aportar sus respuestas a estas situaciones. ¿Algunas de las reacciones son mejores que otras? ¿Por qué?
5. Pidámosles a varios jóvenes que les lean sus frases a otros. Sería bueno señalar que Jesús se enojó también (Mateo 21:12,13). ¡Aun Dios se enoja! (Josué 23:16). Hagámosles notar, además, que Dios nos da paz y puede librarnos del enojo. Instemos a los jóvenes a pedirle a Dios que los ayude a tratar con sus enojos y que los llene de paz.

EL CIERRE

Norman Vincent Peale dijo: "La próxima vez que sientas surgir la ira, trata de decirte a ti mismo: '¿Realmente valdrá la pena darle lugar, considerando lo que va a producir emocionalmente tanto en mí como en otros? Voy a actuar como un tonto. Puede ser que lastime a alguien que amo, o tal vez pierda un amigo'". Presentemos ante los miembros del grupo el desafío de aprender a manejar el enojo en una manera sana. Sugirámosles que siempre se tomen algún tiempo para calmarse. Asegurémosles que los sentimientos de enojo no son pecaminosos, pero lo que debemos controlar es la reacción.

Tal vez sea bueno analizar lo que sucede cuando la gente permite que su enojo vaya demasiado lejos. Puede ser que algunos de los jóvenes tengan padres violentos, hogares destruidos, o familiares adictos a las drogas. Resulta crucial que les comuniquemos que nunca debemos aceptar que un padre, un novio, o cualquier otra persona tenga derecho a golpearnos por estar enojados.

Recordémosles que si ellos, o cualquier amigo, se llega a encontrar alguna vez en una situación de abuso físico, deben buscar la ayuda de un adulto de confianza (un maestro, un consejero, o un pastor). Asegurémosles que nosotros estamos para apoyarlos y ayudarlos, y somos una fuente confidencial. Para obtener más información acerca del abuso físico, busquemos en National Exchange Club Foundation (www.preventchildabuse.com) o American Humane Association (www.americanhumane.org).

UN POCO MÁS

- Tomémonos un tiempo para hablar acerca del impacto que hace el enojo en la sociedad. Preparemos una lista de situaciones actuales tomadas de las noticias que se relacionan con la ira, como, por ejemplo, la violencia en las escuelas secundarias, el accionar de las pandillas, las violaciones, y algunos otros crímenes. Hagámosles reflexionar acerca de que somos una sociedad sometida a muchas presiones; vivimos rodeados por demasiadas expectativas, y las personas no pueden manejarlas. ¿Qué papel pueden asumir los jóvenes para convertirse en mensajeros de paz entre sus compañeros y familias?
- ¿Han navegado nuestros jóvenes por Internet para buscar información sobre grupos extremos como los skinheads, los neo Nazis, los defensores de la supremacía blanca, y otros? Tal vez nos sorprendería saber todo lo que los jóvenes ya han averiguado acerca de estos grupos. Se pueden analizar las cuestiones motivadoras que hay detrás de estos grupos, las razones que los llevan a manifestar tanta ira, y la actitud que nuestros jóvenes deberían tener ante estos grupos..

DIOS EN UN CUERPO

1. Menciona *cinco palabras* que describan a Jesucristo.

2. Considera esto: si Jesucristo viviera en tu ciudad y asistiera a tu escuela, ¿cómo responderías a estas preguntas?

   - ¿Con qué grupo de gente andaría él?
   - ¿Qué tipo de ropa vestiría?
   - ¿A qué clases asistiría?
   - ¿A qué iglesia concurriría?
   - ¿Qué música escucharía?
   - ¿Qué haría después de la escuela?
   - ¿Qué programas de televisión miraría?
   - ¿Dónde lo encontraríamos los viernes por la noche?
   - ¿Les caería bien a tus amigos?
   - ¿Qué cosas le preocuparían?

3. Si alguien te preguntara por qué eres cristiano, ¿qué responderías?

4. Cierta vez Cristo les preguntó a sus discípulos qué decían otros acerca de él (Mateo 16:13). Descubre lo que dicen estos versículos acerca de Cristo, y completa las frases.

Mateo 16:16	Jesús es…
Juan 1:1,14	Jesús es…
Juan 3:16-17	Jesús es…
Juan 10:30	Jesús es…
Colosenses 1:13-23	Jesús es…
Hebreos 4:14-15	Jesús es…

DIOS EN UN CUERPO [Jesucristo]

EL TEMA DE LA SEMANA

¿Quién es Jesucristo? Los adolescentes necesitan descubrir por si mpsmos quién es Cristo y qué harán con ese conocimiento. Esta guía para Conversaciones Dinámicas ha sido diseñada para ayudarnos a enfocarnos hacia la persona de Cristo con el fin de aprender más acerca de este personaje y sus atributos, de modo que los jóvenes puedan llegar a conocerlo personalmente.

PARA COMENZAR

En una pizarra, o en una hoja de cartulina, confeccionemos una lista de palabras que describan a Jesús: su aspecto físico, su naturaleza espiritual, sus rasgos de personalidad, y otras cosas. ¿De dónde hemos sacado estas ideas? ¿De la Biblia? ¿De las de imágenes de Cristo que vemos en algunas iglesias? ¿Qué dice la sociedad con respecto a Jesús? ¿Cómo lo describen? ¿Qué escuchan decir los jóvenes con respecto a Jesús en la escuela?

¿Hasta dónde conoce nuestro grupo la vida de Cristo? Proporcionemos al grupo una lista de algunos sucesos de la vida de Cristo, como, por ejemplo, su bautismo, el sermón que predicó en el monte, algunos diferentes milagros y algunas parábolas. Dividamos entonces al grupo en equipos para competir ordenando los sucesos cronológicamente. Luego, repasemos los hechos y expliquemos cualquier aspecto de las historias que los jóvenes no conozcan o sobre los que tengan preguntas.

EL DEBATE, PREGUNTA POR PREGUNTA

1. Hagamos una lista con todas las palabras que los miembros del grupo hayan escogido, y pidámosles que expliquen por qué las han elegido. ¿Cuál fue la más repetida? ¿Por qué?
2. ¿Qué tipo de persona sería Jesús si viviera hoy en nuestra ciudad? Dejemos un poco de lado la imagen de "Jesús en una carpintería" e imaginémoslo como un joven moderno. Esto puede resultar todo un desafío; hagámosles saber que no existe una respuesta correcta y una incorrecta. ¿Sobre las ideas tomadas de qué versículos bíblicos se apoyan sus respuestas (si es que las hay)?
3. Esta constituye una pregunta difícil para algunos jóvenes, especialmente aquellos que son cristianos desde hace poco tiempo. No esperemos que sean muy abiertos. Puede ser un buen momento para expresar lo que Jesús significa para nosotros. Tal vez resultaría oportuno proseguir con una pregunta como: "¿Qué diferencia hace en nuestra vida el creer en Jesús?".
4. Leamos los versículos con el grupo y luego hagamos un resumen de los rasgos característicos de Jesús.

EL CIERRE

Cristo trabaja en cada persona de manera diferente. Tal vez sería bueno señalar lo que ha hecho en nuestra vida. ¿De qué manera ha cambiado nuestra vida la relación con él? Juan 9:25 dice: "Lo único que sé es que yo era ciego y ahora veo". Expliquémosles a los jóvenes que pueden permitirle a Cristo cambiar sus vidas ¿Están dispuestos a hacerlo? ¿Dejarán que Cristo viva en ellos y obre en sus corazones? La única manera de entender a Jesús es conocerlo mejor.

Señalemos que Jesús es nuestro amigo y no simplemente un ser autoritario que vive en el cielo. Es alguien que permanecerá cerca de nosotros. Él comprende nuestras situaciones, necesidades, deseos, tentaciones y luchas porque vivió en la tierra como humano. Invitemos a los chicos del grupo a comenzar una relación personal con Jesús, si es que todavía no lo han hecho. ¿Qué pueden perder? Nada. Y podrán ganar el mejor de los amigos.

UN POCO MÁS

- Esta lección no puede cubrir todo lo que se refiere a Cristo. Quizá podamos comenzar un estudio bíblico o un grupo pequeño para aprender de la vida de Cristo. Especialidades Juveniles puede proveernos materiales que nos ayudarán en este sentido. Busquemos en: www.especialidadesjuveniles.com.
- ¿Cómo es el Cristo que nos muestran los medios de comunicación (en Internet, en las películas, en la televisión)? Pidamos al grupo que investigue un poco afuera para encontrar algunos ejemplos. Seguramente encontrarán tanto ejemplos buenos como malos. Analicemos los ejemplos que hayan encontrado acerca de cómo la sociedad representa a Cristo. ¿Son estos ejemplos correctos? ¿Qué nos permiten descubrir con respecto al cristianismo y la religión?
- Utilicemos esta lección para explicar la diferencia entre Dios y Jesús. Algunos de los jóvenes probablemente se pregunten cómo puede Jesús ser Dios si es el Hijo de Dios. ¡No es fácil de explicar en palabras sencillas! Tengamos cuidado de no volvernos demasiado teológicos, pero dediquemos algún tiempo a explicar la Trinidad y la relación que existe entre Dios el Padre, Jesús y el Espíritu Santo. Echemos un vistazo a la guía para Conversaciones Dinámicas titulada "¿Tienes el Espíritu?" para contar con más preguntas, explicaciones y actividades.

LA CULPA ES DEL DIABLO

1. Completa las siguientes frases usando las opciones provistas.

   Me siento tentado a hacer cosas malas…
   ❏ Con más frecuencia que antes.
   ❏ Igual que antes.
   ❏ Menos que antes.
   ❏ No sé.

   La mayoría de las veces, cuando tengo tentaciones…
   ❏ Titubeo en ceder por un rato.
   ❏ Cedo inmediatamente.
   ❏ Las ignoro.
   ❏ Le pido fortaleza a Dios.

2. Cuando cedo ante la tentación, generalmente me siento…
   ❏ Culpable o avergonzado
   ❏ Orgulloso y satisfecho.
   ❏ De ninguna manera en particular.

   ¿Cuál de estas cosas consideras que es la *peor de todas*? ¿Por qué?

   ❏ Mentir descaradamente
   ❏ Hacer trampas en un examen final
   ❏ Asesinar a alguien
   ❏ Robar en tu trabajo
   ❏ Escapar de la policía
   ❏ Fumar sin parar
   ❏ Ver pornografía en revistas o Internet
   ❏ Fingir estar enfermo para no ir a la escuela
   ❏ Maldecir con frecuencia
   ❏ Consumir drogas
   ❏ Traicionar a un amigo
   ❏ Plagiar información de Internet
   ❏ Beber alcohol
   ❏ Ir demasiado lejos en la intimidad física
   ❏ Usar la tarjeta de crédito de mis padres

3. ¿Cómo manejarías las siguientes tentaciones?

   Si accidentalmente me topara con una página de pornografía en Internet, yo…

   Si mis padres fueran injustos conmigo, yo…

   Si me viera presionado a tener relaciones sexuales, yo…

   Si yo supiera que no me atraparían al copiarme en un examen, yo…

   Si mis amigos anduvieran en borracheras, yo…

   Si mis amigos me incitaran a robar en una tienda, yo…

4. Si alguien te preguntara como vencer las tentaciones, ¿qué le dirías basándote en los siguientes versículos?
   Salmos 119:11
   Juan 16:33
   Santiago 4:7
   Lucas 22:46
   2 Corintios 10:13

LA CULPA ES DEL DIABLO [la tentación]

EL TEMA DE LA SEMANA

Las tentaciones se presentan en todas partes, tanto para los jóvenes como para los adultos. Al volverse los jóvenes más independientes de sus padres y acercarse a la edad adulta, enfrentan tentaciones nuevas. Entonces se darán cuenta de que las tentaciones pueden crearles sentimientos de culpabilidad y de fracaso. Usemos la guía para Conversaciones Dinámicas para analizar la tentación con el grupo en una forma que los motive y les brinde apoyo.

PARA COMENZAR

Esta introducción seguramente nos garantizará que las cosas arranquen bien. Pidamos a los chicos que escriban sobre situaciones de tentación que ellos (y los otros jóvenes de su edad) enfrentan en sus vidas (sin colocar sus nombres). Luego recojamos las hojas.

Los jóvenes dramatizarán las situaciones provocadas por estas tentaciones. Comencemos por pedir tres voluntarios: uno para hacer de diablo, otro de ángel, y un tercero para representar a la persona que es tentada. Indiquemos al que representa a quien es tentado que se siente en una silla con el diablo de un lado y el ángel del otro. Tomemos uno de los papeles y leamos en voz alta la situación que menciona. Luego el ángel y el diablo deberán operar uno contra otro para lograr influir sobre la decisión del tentado. Podemos hacer rotar a los participantes para que les toquen diferentes situaciones y así todos participen.

Al finalizar esta parte, preguntemos a los chicos del grupo cómo se sintieron mientras otro era tentado. ¿A quién les resultaba más fácil escuchar? ¿Qué presiones les parecieron más difíciles de resistir? ¿Cómo colocaron en la balanza sus valores para no ceder ante lo que tenían ganas de hacer?

EL DEBATE, PREGUNTA POR PREGUNTA

1. Al pedir respuestas, no obliguemos a nadie a participar. Destaquemos que ahora los jóvenes enfrentan más tentaciones que antes. Sugiramos algunas ideas para resistir la tentación y hablemos sobre el perdón de Dios.

2. ¿Cuál de estas cosas consideran los jóvenes como la peor y por qué? ¿Qué es lo que hace que un pecado sea peor que otro? Aclaremos que ante los ojos de Dios todos los pecados son iguales. ¿Cómo se sienten los jóvenes ante esta afirmación? ¿Consideran acaso que algunos de estos no son pecados (como fumar o tomar)? ¿Por qué?

3. Señalemos algunas formas realistas en las que los jóvenes pueden manejar estas tentaciones. ¿De cuáles podrían librarse con mayor facilidad? ¿A quién acuden nuestros jóvenes en busca de fortaleza para enfrentar la tentación? ¿Confían en sus propias fuerzas, o además le piden ayuda a Dios?

4. Quizás sería oportuno permitir que los jóvenes trabajaran en este punto formando grupos de dos o tres. Pidámosles que escriban lo que dirían, basándose en los versículos bíblicos. ¿Estas ideas tomadas de la Biblia les serían de ayuda a los jóvenes? ¿Por qué? Solicitémosles a algunos que expongan sus respuestas y las analicen con el grupo.

EL CIERRE

La tentación es parte de nosotros como seres humanos. Todos hemos sido creados por Dios con libre albedrío: cada uno es responsable de sus elecciones. Las decisiones que tomamos hoy afectarán nuestro futuro. Aunque son capaces de tomar decisiones, los jóvenes deben estar al tanto de las consecuencias que sus decisiones pueden producir.

¿Cómo pueden fortalecer su fe y resistir la tentación? ¿De qué manera podemos protegernos de las maquinaciones de Satanás? Dios nos da a sus seguidores herramientas para resistir al diablo: leer la Biblia, memorizar versículos, y comunicarnos regularmente con Dios por medio de la oración. La mejor manera de resistir a la tentación es estando cerca de Cristo, que es el único hombre de la historia que ha vencido para siempre al diablo en su propio territorio. Tal vez resulte oportuno leer algunos pasajes bíblicos para ampliar el tema: la tentación de Cristo (Mateo 4:1-11), y la armadura de Dios y la guerra espiritual (Efesios 6:10-18).

UN POCO MÁS

- ¿Con qué tentación específica luchan nuestros jóvenes? Hagámosle al grupo estas preguntas para que piensen: ¿Qué es la tentación? ¿Existen algunos momentos en los que somos tentados más que en otros? ¿Algunas personas nos incitan más a la tentación que otras? ¿Qué podemos hacer para evitar esta tentación de ahora en adelante?

- En una pizarra o en una hoja grande de papel, confeccionemos una lista de las tentaciones que enfrentan los jóvenes. Algunos ejemplos son: pornografía, sexo prematrimonial, abuso de drogas y alcohol. Usemos alguno de estos casos para representar una escena en la que una señorita o un muchacho son tentados y deben escoger qué hacer. Hablemos acerca de las consecuencias que él o ella tendrán que enfrentar si ceden a la tentación. ¿Qué pasaría si son capaces de resistir? ¿Y si ceden? ¿De qué modo se sentirá el impacto en un mes? ¿En un año? ¿En más tiempo? Podemos asumir el rol de abogado del diablo para hacerlos pensar.

PREOCUPARME, ¿POR QUÉ?

1. Coloca una X junto a las cosas que te preocupan.
   - Lo que otros piensan de mí
   - Las notas que saco en la escuela
   - Mi aspecto
   - Con quién salir en una cita
   - Qué trabajo conseguiré en el futuro
   - Si resulto una persona atractiva
   - Que haya otra guerra
   - Cuándo moriré
   - Cuándo habrá otra pelea en mi familia
   - Cuánto tiempo más estarán juntos mis padres
   - Qué hacer después de la secundaria
   - Cómo manejar mis problemas con la policía
   - Cuándo alguien volverá a abusar de mí
   - Cuándo se decidirán mis padres a buscar ayuda con sus adicciones
   - Cómo va mi caminar con Cristo
   - Cómo pagarán mis padres las cuentas este mes
   - Cómo me está afectando la vida mi problema con las drogas y el alcohol
   - Cómo será el mundo cuando sea mayor
   - Con quién me casaré
   - Quiénes son mis amigos

2. ¿Cuál de estas respuestas te parece verdadera?
   Cuanto más me preocupo por algo…
   - ❏ Peor se ponen las cosas.
   - ❏ Mejor salen las cosas.
   - ❏ Más me doy cuenta de que nada cambia.
   - ❏ Menos me afecta.
   - ❏ Más me afecta.

3. ¿Cómo puede uno deshacerse de las preocupaciones?

4. Junto a las afirmaciones de la lista de la primera pregunta, escribe una F para las cosas que están *fuera de tu control* y una C para las que *puedes controlar*.

5. Analiza uno de estos pasajes, y reescríbelo en tus propias palabras.
   Romanos 8:28
   Filipenses 4:6,7
   1 Pedro 5:7

PREOCUPARME, ¿POR QUÉ? [la preocupación]

EL TEMA DE LA SEMANA

Los jóvenes hoy tienen demasiadas cosas por las que preocuparse: su aspecto, sus relaciones, sus calificaciones, su futuro, y muchas otras. Los adolescentes tienen que enfrentar más estrés y tensión que nunca antes. Esta guía para Conversaciones Dinámicas ayudará al grupo a hablar acerca de sus preocupaciones e inseguridades y pensar el modo en que su fe puede ayudarlos a atravesarlas.

PARA COMENZAR

Iniciemos el encuentro con una versión del juego del *Pictionary* que se centre en el tema de las preocupaciones. Pidámosles a los jóvenes que escriban en un papel algunas preocupaciones elegidas al azar (en lo posible, divertidas) con las que estén luchando, o que vengan a su mente. Algunas posibilidades son: tener mal olor corporal, que a uno le haya salido un barrito en la nariz, fallar en el examen de matemáticas, no saber cómo besar, no poder dormir, necesitar ir al dentista, o tener gases. Recojámoslas y pidamos que algunos voluntarios de cada equipo participen por turnos para dibujar en un pizarrón estas preocupaciones. El resto del grupo tratará de adivinar qué tipo de preocupación es la que se está dibujando y el equipo que obtenga más puntos ganará.

EL DEBATE, PREGUNTA POR PREGUNTA

1. Algunos de los jóvenes probablemente no se muestren abiertos de inmediato, así que comencemos hablando de algunas de las cosas que nos preocupaban cuando éramos jóvenes. Utiliza el pizarrón o una hoja de papel grande para anotar las preocupaciones e inseguridades que enfrentan en la escuela, en la casa, en la iglesia, en el trabajo.

2. Señalemos que preocuparnos realmente no ayuda a que la situación mejore. Pero a veces la preocupación nos hace bien (puede motivarnos a hacer cosas buenas). Por ejemplo, un joven que se preocupa porque ha aumentado de peso, comienza con un programa de ejercicios en el gimnasio. ¿Qué opinan los jóvenes?

3. Pidámosles que sugieran distintas posibilidades de solución a las preocupaciones. Confeccionemos una lista en una pizarra o una hoja grande de papel para que todos la vean. Indiquemos las diferencias que existe entre estar preocupado (que no cambia las cosas) y estar pendiente de la situación (que motiva los cambios). Mostremos que la preocupación es una pérdida de energía emocional que podría ser mejor utilizada en la búsqueda de soluciones a los problemas.

4. ¿Cuáles de las situaciones mencionadas están fuera de control? ¿Por cuáles no vale la pena preocuparse? ¿Resulta fácil transferirle a Dios el control de estas situaciones? ¿Qué pasos deberíamos dar para producir cambios o manejar más adecuadamente la preocupación?

5. Después de leer los versículos, hablemos acerca de lo que Dios piensa con respecto a las preocupaciones. Expliquemos que preocuparse es, en realidad, tratar de tomar las situaciones en nuestras propias manos e intentar controlar nuestras vidas. En lugar de preocuparnos, animemos a los jóvenes a entregar las situaciones difíciles a Dios y pedirle su paz y dirección.

EL CIERRE

Podríamos definir, en un sentido, a la preocupación como una agonía mental que puede debilitar el alma. Es normal y frecuente tener preocupaciones, pero esto puede llegar a ser destructivo y llevarnos al fracaso. Resulta inútil preocuparse por las cosas que no podemos controlar.

Ayudemos a nuestros jóvenes a descubrir que los cristianos no tiene por qué preocuparse ni del pasado ni del futuro: ambos están en las manos de Dios. Jesús señaló repetidas veces en Mateo 6:25-34 qué no tenemos nada de que preocuparnos. Lo sepamos o no, Dios se encarga de nosotros.

Sugiramos algunas ideas que puedan serles útiles a los jóvenes al enfrentar sus preocupaciones. Instémoslos a hablar sobre sus preocupaciones con alguna persona (un amigo, sus padres, u otro adulto al que respeten) dispuesta a escucharlos. Hagámosles claro que estamos disponibles para escucharlos y ayudarlos.

UN POCO MÁS

- ¿Qué le sucede a la gente cuando se ve envuelta en preocupaciones? Pidámosles a los chicos que preparen una lista de preocupaciones, analicen lo que ellas nos producen físicamente, y señalen los resultados de preocuparnos. Hablemos del problema del estrés físico, la ansiedad, la depresión, y lo que sucede cuando la gente no puede enfrentar sus preocupaciones (suicidios o abuso de drogas y alcohol). Destaquemos que la preocupación no es solo una batalla espiritual; es también una batalla mental. ¿Qué pueden hacer por ellos mismos en cuanto a manejar sus preocupaciones?

- Busquemos junto con el grupo ejemplos de cosas que le preocupen a la gente joven. Se pueden encontrar ejemplos por todos lados: en las revistas para adolescentes, en Internet, en la radio, en las letras de las canciones. Ayudémoslos a entender que todo el mundo tiene preocupaciones, ¡hasta los atletas famosos y las celebridades!

- Dediquemos un tiempo a preguntas y respuestas. Pidamos a los miembros del grupo que pregunten (anónimamente) sobre las cosas que les preocupan. Tomemos los papelitos y leamos las preguntas en voz alta. ¿Qué consejo o palabra de ánimo pueden darse unos a otros? ¿Qué sugerencias tienen? ¿Dónde pueden conseguir más información?

CON LOS OJOS FIJOS EN LAS ESTRELLAS

1. Menciona a uno de tus héroes de cuando eras *un niño*.

   Menciona uno de tus héroes *actuales*.

2. ¿A cuál de estas personas considerarías dentro de la categoría de *héroes*?
   - ❏ Un magnate de los negocios
   - ❏ Un músico legendario
   - ❏ Un ministro o pastor
   - ❏ Un veterano de guerra
   - ❏ Un consejero
   - ❏ Un político
   - ❏ Un atleta profesional
   - ❏ Un maestro de Escuela Dominical
   - ❏ Una estrella de televisión o del cine
   - ❏ Un padre
   - ❏ Un voluntario
   - ❏ Un personaje bíblico
   - ❏ Un misionero
   - ❏ Un escritor
   - ❏ Un maestro
   - ❏ Un abuelo

3. *Coloca* una tilde junto a tres de estos actos que consideres heroicos.
   - ❏ Salvar a un niño de ahogarse.
   - ❏ Decir la verdad cuando es más fácil mentir.
   - ❏ Aparecer en la portada de una revista famosa.
   - ❏ Sacar buenas notas.
   - ❏ Ser estrella en un programa de televisión.
   - ❏ Escalar el Monte Everest.
   - ❏ Ser voluntario en una organización que ayuda a los desamparados.
   - ❏ Lograr una cita con una persona destacada en el grupo.
   - ❏ Visitar un asilo de ancianos una vez al mes para ayudar.
   - ❏ Trabajar en un proyecto misionero durante las vacaciones.
   - ❏ Anotar el tanto de la victoria en un partido importante.

4. ¿A qué persona deseas parecerte cuando seas adulto? ¿Por qué?

5. Lee estos pasajes bíblicos. ¿Qué te dicen acerca de los héroes?

   Josué 9:9-10
   1 Reyes 4:29-34
   Mateo 4:23-25
   1 Samuel 17:51
   Proverbios 31:10-31

CON LOS OJOS FIJOS EN LAS ESTRELLAS [los héroes]

EL TEMA DE LA SEMANA

Los medios tienen el poder de crear héroes y heroínas. Pero estas celebridades (creadas por y para la televisión, los deportes, las películas, o los videos musicales) no son necesariamente heroicas. Algunas veces su conducta moral no es las que nos gustaría que los jóvenes imitaran. Esta guía para Conversaciones Dinámicas nos ayudará a analizar por qué se admira a cierta gente y qué es un héroe.

PARA COMENZAR

Iniciemos con un juego de mímicas. Antes de la reunión, escribamos nombre de héroes y heroínas en letras grandes y en hojas separadas. Podemos incluir los tipos de héroes que deseemos, incluyendo los que siguen (pero sin limitarnos a ellos):

- Súper héroes: Superman, el Hombre Araña, Batman, y otros.
- Campeones de los deportes: Tiger Woods, Michael Jordan, Ronaldo, Maradona, Andre Agassi, y otros.
- Actores: Julia Roberts, Brad Pitt, y otros.
- Cantantes: Madonna, Ricky Martin, Shakira, Britney Spears, y otros.

Una vez que tengamos los nombres en papel, no permitamos que los jóvenes los vean. Dividamos al grupo en dos equipos (o más). Los equipos deberán actuar por turnos y nombrarán un voluntario para pasar al frente. Luego colocaremos un papel con el nombre en la espalda o en la frente del participante (un sombrero funcionaría bien para el caso). ¡No permitamos que el participante vea el nombre del héroe! Establezcamos un cierto tiempo (un minuto o algo así) para que los otros miembros de su equipo traten de describir al héroe o heroína que figura en la hoja del participante (sin mencionar el nombre de la persona bajo ninguna circunstancia). Si el participante adivina el nombre del héroe, el grupo obtiene un punto.

EL DEBATE, PREGUNTA POR PREGUNTA

1. ¿Cuántos de los jóvenes todavía mantienen como héroe al que tenían cuando eran niños? Pidámosles que expliquen por qué esa persona es importante para ellos y la consideran un héroe o heroína.
2. Tratemos de lograr un consenso dentro del grupo en cuanto a señalar la diferencia que existe entre ser un héroe y ser una celebridad (los héroes hacen cosas heroicas). Son dignos de admiración aun cuando no sean famosos. Las celebridades son una creación de los medios.
3. Señalemos que los actos heroicos no siempre conllevan fama. La fama no tiene nada que ver con la moralidad hoy (sí, en cambio tiene mucho que ver con lo que es popular y está de moda). Llevémoslos a reflexionar que un acto heroico puede parecer insignificante (como ayudar a alguien) cuando se trata de un acto de disciplina, obediencia, o respeto.
4. Pidamos a los jóvenes que mencionen a la gente que escogieron. Probablemente las respuestas sean variadas. Dediquemos unos momentos para hablar con respecto a los modelos. ¿Qué rasgos o características deberían tener los buenos modelos?
5. Estos versículos tienen que ver con héroes y heroínas de la Biblia. Analicemos con los jóvenes qué característica vuelve a cada uno de ellos heroico y de qué modo Dios usó su actuación. Tal vez sería bueno leer Hebreos 11, que habla acerca de los héroes y heroínas de la fe cristiana.

EL CIERRE

Todos tenemos héroes; pero deberíamos ser inteligentes al escoger. El apóstol Pablo dijo: "Sed imitadores de mí". ¡No se estaba jactando! Quería decir: "Yo seré su héroe. Ustedes necesitan un modelo que viva como Cristo quiere. Imítenme así como yo imito a Cristo" (Filipenses 3:17, paráfrasis del autor). No sigamos cualquier modelo que no refleje los valores y los altos estándares de la fe cristiana.

Planteémosles a los jóvenes el desafío de escoger sus héroes con sabiduría, y también el de vivir una vida heroica por medio de sus acciones y ejemplo. Algunos de los jóvenes piensan que no son nada; animémoslos a creer que pueden hacer grandes cosas por el reino de Dios. Pablo escribió (en Filipenses 4:13): "Todo lo puedo en Cristo que me fortalece". Recordémosles a los miembros del grupo que hay cristianos más jóvenes que los toman como ejemplo. Hablémosles también de algunas formas en las que pueden imitar a Cristo en la vida diaria.

UN POCO MÁS

- Organicemos un juego de búsqueda de fotografías o revistas en las que aparezca gente heroica. Dividamos a los jóvenes en grupos y démosle a cada grupo una lista de los héroes que deben encontrar. Pueden ir a una biblioteca, a un centro comercial, o a sus casas; a cualquier lugar donde puedan obtener información o fotografías de los héroes mencionados. Luego de conseguir la información, deben mencionar dónde la encontraron.

- Realicemos un concurso para descubrir quien es capaz de encontrar más datos interesantes acerca de su héroe o heroína en Internet, en revistas, o en cualquier otro lugar en el que nos puedan proveer información. El que traiga datos únicos, inusuales, o interesantes acerca de su héroe recibirá un premio. ¿La información obtenida ha cambiado en algo nuestros sentimientos hacia nuestro héroe? ¿De qué manera?

NO TENGO A NADIE

1. Menciona a uno de tus amigos más cercanos. Señala *tres razones* por las que consideras a esta persona un buen amigo.

2. Se te ha dado la oportunidad de comprar por Internet al mejor amigo posible. Puedes escoger entre las siguientes características, para lograr que tu nuevo amigo sea el ideal. Se te conceden $25 para gastar, pero cada cualidad que elijas representa un costo específico, ¡así que debes comprar con sabiduría! Debe tener:

(por $6)
- Dinero
- Popularidad
- Inteligencia
- Virtud
- Compasión

(por $5)
- Buena apariencia
- Habilidad para conversar
- Una personalidad extrovertida
- Sentido del humor
- Estándares morales altos

(por $4)
- Un automóvil nuevo
- Ropa de moda
- Mucho tiempo libre
- Lealtad
- Confiabilidad

(por $3)
- Intereses comunes
- Sinceridad
- Habilidad para escuchar
- Generosidad

(por $2)
- Una casa grande
- Atracción física
- Padres amistosos
- Tu misma edad

(por $1)
- Habilidad para los deportes
- Cercanía con respecto a tu casa
- Ningún otro amigo
- Muchos talentos

3. ¿Qué piensas al respecto? Escribe *sí (S)* o *no (N)* al lado de las siguientes frases.
   ___ Yo escojo bien a mis amigos.
   ___ No me gustan los amigos que tengo ahora.
   ___ Creo que el mejor amigo debe ser cristiano.
   ___ Mis amigos son más una influencia negativa para mí que yo una influencia positiva para ellos.
   ___ Yo me llevo muy bien con mis amigos.
   ___ Me cuesta mucho hacer amigos.
   ___ Siento que mis amigos hablan mal de mí a mis espaldas.
   ___ Desearía tener un mejor amigo.
   ___ A mis padres no les gustan algunos de mis amigos.
   ___ Me gustaría hacer nuevos amigos.

4. Busca *Colosenses* 3:12-14. Menciona algunas de las características de la amistad que presentan estos textos.

NO TENGO A NADIE [la amistad]

EL TEMA DE LA SEMANA

Las amistades son centrales durante los años de la adolescencia. Casi no hay nada tan importante para los jóvenes de secundaria como tener amigos. Todos quieren sentirse aceptados, integrados, y poder divertirse con sus amigos. No hay duda de que nuestros jóvenes quieren hablar acerca de hacer amistades: cómo conseguirlas, cómo mantenerlas, cómo deshacerse de ellas, y cómo lograr unidad con sus amigos. Esta guía para Conversaciones Dinámicas nos ayudará a considerar la amistad desde una perspectiva cristiana.

PARA COMENZAR

Si el grupo es bastante grande, juguemos al famoso juego de los amigos. Démosle a cada participante un trozo de papel con el nombre de uno de los dos personajes de un famoso dúo. Podemos incluir algunas parejas célebres y algunos dúos muy conocidos, como por ejemplo: el presidente y la primera dama, Mickey Mouse y Minie, Batman y Robin, el Chavo y la Chilindrina, y otros. Los jóvenes tendrán que encontrar a su pareja sin hablar ni mostrar sus pedazos de papel. Deben actuar su personaje para poder encontrar a su pareja.

Se puede hacer el mismo juego con fotografías de revistas, periódicos o imágenes tomadas de Internet. Peguemos una fotografía en una hoja de papel, y luego cortemos la fotografía por la mitad, y entreguemos una parte a cada joven. Deben encontrar a la persona que tiene la otra mitad sin hablar.

Otra buena introducción es hacer una larga lista de cualidades que debe tener un buen amigo en una pizarra o en una hoja grande de papel. Se pueden incluir cosas como: tener dinero, popularidad, inteligencia, sólidas convicciones, amabilidad, buena apariencia, consideración, sentido del humor, una personalidad agradable y la misma edad; no tener otros amigos; vivir cerca, y cosas semejantes. Luego pidamos a los jóvenes que escojan cinco cualidades que desearían que tuviera un amigo propio (o la cantidad que tú decidas). ¿Cuál sería la más importante entre todas? Sugiramos que algunos de los jóvenes manifiesten lo que han elegido.

EL DEBATE, PREGUNTA POR PREGUNTA

1. Pidamos a los jóvenes que hablen acerca de sus amigos y de por qué los consideran buenos amigos. Si no quieren mencionar gente específica, pidámosles que señalen las cualidades que tienen sus amigos cercanos.

2. Solicitemos a varios jóvenes que describan el amigo que compraron por $25. Concentrémonos en el análisis de las cualidades que resultan verdaderamente importantes dentro de una amistad.

3. Consideremos estas aseveraciones una por una pero no obliguemos a nadie a leer su respuesta. Quizás sería bueno analizar un poco las amistades que no cuentan con la aprobación de los padres. Preguntemos al grupo por qué creen que sucede esto y qué se puede hacer para remediar la situación. ¿Qué sacaron en limpio de estas afirmaciones?

4. En este pasaje se presentan siete características de la amistad: compasión, amabilidad, humildad, gentileza, paciencia, perdón, y amor. Coloquemos el énfasis en pensar que la importancia de estas cualidades radica en que nos llevan a ser buenos amigos.

EL CIERRE

Leamos Proverbios 18:24: "El hombre que tiene amigos debe mostrarse amistoso" (Reina-Valera 1995). En otras palabras, si queremos tener buenos amigos, debemos ser buenos amigos. ¿Qué se requiere para ser un buen amigo? La amistad, como toda relación, tiene dos partes, lo que hace necesario el respeto mutuo, la consideración, y el esfuerzo.

Señalemos que la Biblia está llena de historias de amistad. Es más, Jesús mismo tuvo muchos buenos amigos, un grupo cercano de hombres y mujeres con los que pasaba mucho tiempo. Él nos da el ejemplo perfecto de la amistad: amor, paciencia, la entrega de uno mismo. Nos enseñó a todos de qué manera relacionarnos con los demás en forma positiva.

Jesús también quiere ser nuestro amigo; él permanece con nosotros a pesar de todo. Si tenemos a Cristo como nuestro amigo, seremos parte de una familia, de un círculo de amigos cristianos. ¡De eso se trata precisamente la iglesia (y este grupo de jóvenes)! Terminemos con oración, pidiéndole a Dios que bendiga las amistades de los miembros del grupo.

UN POCO MÁS

- ¡Tener buenos amigos requiere dedicación! Las relaciones deben alimentarse para que crezcan. Presentemos ante los jóvenes el desafío de dedicarnos a nutrir nuestras relaciones esta semana. Sugirámosles que le envíen a un amigo cercano una nota diciéndole cuánto significa para ellos. Animémoslos a salir de su rutina para alentar a sus amigos y agradecerle a Dios por las amistades que él les ha dado.

- ¿Qué necesitan nuestros jóvenes para dedicarse a trabajar sus relaciones de amistad con otros? Instémoslos a pensar durante la semana en tres cosas en las que deberían enfocarse para mejorar su trato de amistad con los demás. ¿Necesitan más paciencia? ¿Más amabilidad? Utilicemos 1 Corintios 13:1-13 para guiarlos. ¿Qué les gustaría a estos jóvenes cambiar en su persona? Pidámosles que escriban esas tres cosas; y que luego consideren una acción para cada una que los ayude a mejorar durante esta semana. Por ejemplo, si alguien deseara ser más paciente, debería escribir algo como: "No quejarme cuando mi amigo no responde mi llamado inmediatamente".

- Pidamos al grupo que le dé una mirada a la amistad entre David y Jonatán en la Biblia (1 Samuel 18 y 19) y la de Jesús y Lázaro (Juan 11). ¿Por qué fueron tan buenas estas amistades? ¿Qué cualidades de la amistad se ven aquí?

RECURSOS DE ESPECIALIDADES JUVENILES EDITORIAL VIDA

151 Encuentros con el Rey
El caso de Cristo, Edición Estudiantil
Drogas y Pornografía ¿Qué hacer?

¡Ayúdenme!, ¡Soy líder de jóvenes!
¡Ayúdenme!, ¡Soy líder de células! (Libro y DVD)
Como no liderar una célula (DVD)
500 Ideas para tu Ministerio Juvenil
Ministerio de Jóvenes con Propósito

Ministerio Juvenil Efectivo
Lecciones bíblicas creativas: «1 y 2 Corintios»
Lecciones bíblicas creativas: «Juan: Encuentro con Jesús»
Lecciones bíblicas creativas: «Romanos: ¡Fe al rojo vivo!»
Lecciones bíblicas creativas: «Verdades Brutales»
Lecciones bíblicas creativas: «La vida de Jesús»
Proyecto Discípulo (Material del Líder)
Proyecto Discípulo, Devocional Juvenil
Proyecto Discípulo, CD

Juegos para refrescar tu ministerio
Teatro para refrescar tu ministerio
Biblia G3

Tus dos primeros años
Rompehielos
LBC Antiguo Testamento

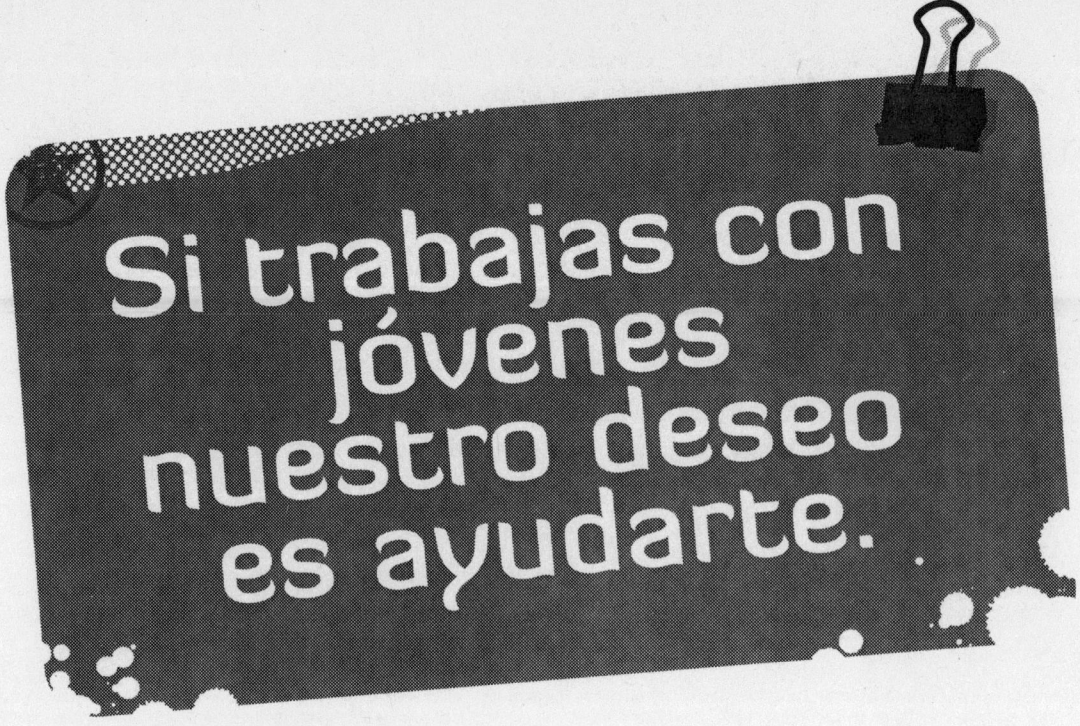

Un montón de recursos para tu ministerio juvenil
info@especialidadesjuveniles.com

Visitanos en:
www.especialidadesjuveniles.com

facebook   www.facebook.com/EspecialidadesJuveniles
twitter   twitter.com/EJNOTICIAS
YouTube   www.youtube.com/user/videosej